Clélia Pagani de Souza
Marinês Battisti

A história da Salvação

Coleção

Caminhando com Deus

Coleção CAMINHANDO COM DEUS
IMPRIMATUR
Concedido em 18/11/2011

Dom Anuar Battisti
Arcebispo de Maringá

Ensino Fundamental
Volume **5**

É terminantemente proibido reproduzir este livro total ou parcialmente por qualquer meio químico, mecânico ou outro sistema, seja qual for a sua natureza. Todo o desenho gráfico foi criado exclusivamente para este livro, ficando proibida a reprodução do mesmo, ainda que seja mencionada sua procedência.

Dados para catalogação
Bibliotecária responsável: Luciane Magalhães Melo Novinski
CRB 1253/9 – Curitiba, PR.

Souza, Clélia Pagani de

Caminhando com Deus: a história da salvação, volume 5 / Clélia Pagani de Souza, Marinês Battisti; ilustrações Fabz – Curitiba : Base Editorial, 2011.
    160p. : il. ; 28 cm – (Coleção Caminhando com Deus; v.5)

    ISBN: 978-85-7905-880-6

    1. Ensino religioso – Estudo e ensino. 2. Ensino Fundamental. I. Battisti, Marinês. II. Título. III. Série.

CDD (20ª ed.) 268

Coordenação editorial Base Editorial
Projeto gráfico e capa Cide Gomes
Diagramação Cide Gomes e Solange Freitas de Melo
Ilustrações Fabz
Revisão Lucy Myrian Chá
Iconografia Osmarina F. Tosta e Ana Cláudia Dias
Finalização Solange Freitas de Melo

Base Editorial Ltda.
Rua Antônio Martin de Araújo, 343 – Jardim Botânico
CEP 80210-050 – Curitiba/PR
Tel.: 41 3264-4114 – Fax: 41 3264-8471
baseeditora@baseeditora.com.br – www.baseeditora.com.br

AMIGO

Este livro é seu!

Nele, você encontrará histórias de plantas, animais e de crianças como você.

Vai conhecer as coisas de Deus.

Saberá como Jesus viveu e como Ele ama você.

Descobrirá, nas reflexões deste livro, um jeito novo de viver, amando e fazendo da vida um agradecimento.

Todos somos filhos de Deus, sem diferenças de raça, credo, cor ou nacionalidade.

Faça como Jesus e ame seu próximo sem discriminação.

Guarde tudo isto no seu coração!

Um abraço carinhoso

As autoras

SUMÁRIO

DEUS, O MUNDO E A HUMANIDADE 5
1.ª Reflexão – Conhecendo a linguagem da Bíblia 6
2.ª Reflexão – "E Deus viu que tudo era bom" 14
3.ª Reflexão – Um grande homem, um grande povo 24
4.ª Reflexão – Uma grande conquista: a liberdade 38

UM POVO, UMA ALIANÇA 48
1.ª Reflexão – Marcados por uma lei 49
2.ª Reflexão – Amar a Deus 54
3.ª Reflexão – Amar a vida 59
4.ª Reflexão – Amar ao outro 67

DEUS MOSTRA O CAMINHO 74
1.ª Reflexão – A conquista da Terra 75
2.ª Reflexão – Vozes que anunciam e denunciam 82
3.ª Reflexão – O povo e o poder 90
4.ª Reflexão – Jesus – A aliança definitiva de Deus com seu povo ... 101

JESUS E O NOVO TESTAMENTO 106
1.ª Reflexão – Os evangelhos revelam Jesus 107
2.ª Reflexão – Igreja – A comunidade cristã 117
3.ª Reflexão – Unidos pela mesma fé 122
4.ª Reflexão – Construindo sobre a rocha 127

MEMÓRIAS QUE ME FAZEM CRESCER 133
1.ª Memória – Tempo de fraternidade 134
2.ª Memória – Tempo de oração 139
3.ª Memória – Tempo de vida nova 144
4.ª Memória – Tempo de ser luz 149
5.ª Memória – Tempo de esperar 152
6.ª Memória – Tempo de amar 155

REFERÊNCIAS 160

CONHECENDO A LINGUAGEM DA BÍBLIA

Preste bastante atenção no que estas duas crianças estão conversando.

Estudei a noite toda! Estou morto de cansado!

Emprestei minha bola para aquele menino há mais de um século e ele ainda não me devolveu!

Faça um desenho que represente o que as crianças estão dizendo, de acordo com o verdadeiro significado das palavras que estão sendo ditas.

Agora, escreva o que as crianças quiseram dizer.

Deus, para se comunicar, usou palavras humanas, o jeito humano de falar; comunicou seu recado com as limitações da nossa cultura humana. Nosso jeito de falar às vezes é meio exagerado; usamos comparações, símbolos, tratamos Deus como se ele agisse como nós e tivesse reações iguais às nossas.

Deus deixa que a Bíblia seja assim, porque não temos outra maneira de nos comunicar. Aí encontramos na Bíblia textos que falam do braço, das mãos, das costas de Deus... como se Deus tivesse um corpo igual ao nosso! Outros mostram Deus como um rei sentado num trono; outros ainda aumentam bastante certos fatos para transmitir o sentimento de que aconteceu alguma coisa muito importante. A Bíblia fala até na vingança de Deus, porque o povo entende Deus a partir do nosso jeito humano de reagir aos fatos da vida.

Você às vezes também não fala desse jeito? Certamente você alguma vez já disse a um amigo que chega atrasado a um encontro: "Faz um século que estou esperando". E o amigo entende, não é? Não fica chamando você de mentiroso, sabe que você exagerou só para dizer o quanto se irritou pela espera. A Bíblia não é muito diferente: pode exagerar, contar histórias, usar símbolos para que certos sentimentos e a importância de certos fatos sejam percebidos.

Texto extraído do livro: **Como nossa Igreja lê a Bíblia** – Equipe Nacional da Dimensão – Bíblico Catequética – 7ª edição – Paulinas – 2010 – São Paulo.

Quando lemos a Bíblia, que é a Palavra de Deus, escrita por pessoas de diferentes épocas, diferentes linguagens, diferentes maneiras de ver as coisas, precisamos também ter cuidado para não interpretar tudo "literalmente".

"Como a Bíblia foi escrita em diferentes gêneros literários e em diferentes épocas, é importante pensar o que os autores do Livro Sagrado quiseram dizer para seu povo, no seu tempo."

Na Bíblia, nós encontramos: histórias, poemas, orações, profecias... Todas essas formas de expressão querem nos transmitir sempre uma mensagem de fé.

Vamos conhecer um livro da Bíblia no qual encontramos muitas orações em forma de poemas, o livro dos **SALMOS**.

"Senhor, Vós me sondais e me conheceis. Sabeis tudo de mim, quando sento ou me levanto. De longe conheceis meus pensamentos. Quando me deito ou me levanto Vós me vedes, observais todos os meus passos." (Salmo 138,1-3).

O Livro dos Salmos, também chamado de Saltério, é um livro de orações dos antigos judeus. Para os cristãos, ele também tornou-se o livro de meditação espiritual.

Jesus também rezou os Salmos.

A palavra Salmo quer dizer LOUVORES!

> É, mas o conteúdo do livro dos Salmos não é somente feito de louvores. Nele encontramos também lamentações, cânticos de penitência, poemas e súplicas.

Os Salmos eram cânticos destinados ao uso litúrgico no Templo de Jerusalém, onde os judeus se reuniam para rezar.

Ainda hoje, muitas comunidades religiosas se reúnem todos os dias para rezar os Salmos.

Não se sabe ao certo quem são os autores destes textos, mas a maioria deles são atribuídos ao rei Davi, um personagem que vamos conhecer mais adiante.

Conheça alguns Salmos, entre os mais belos:

- **Salmos de confiança: 22, 26, 120, 130.**
- **Salmos de ensinamentos sobre a sabedoria: 1, 31, 36, 118.**
- **Salmos de louvores: 7, 18, 28, 46, 92, 95, 96, 97, 145.**
- **Salmos de ação de graças: 33, 65, 102, 135.**

Leia alguns dos Salmos indicados anteriormente e copie os versículos que você mais gostou. Partilhe com os colegas.

Você pôde perceber o quanto é bela a linguagem dos Salmos. Entretanto, é preciso tomar cuidado para não interpretá-los "ao pé da letra", mas pensar no seu significado.

Preste atenção nas palavras do Salmo 134, 6-7.

> *"O Senhor faz tudo o que lhe apraz, no céu e na terra, no mar e nas profundezas das águas.*
> *Ele chama as nuvens dos confins da terra, faz chover em meio aos relâmpagos, tira os ventos de seus reservatórios".*

Na sua opinião, o que o autor do Salmo quis expressar?

_____
_____
_____

Quando lemos a Bíblia, devemos lembrar que, para os gregos e os hebraicos, os números tinham valor simbólico. Cada número da Bíblia não indica exatamente a quantidade que está indicada. Os números sempre foram usados para dar ênfase e força a uma expressão.

Os números mais usados são:

UM, TRÊS, SETE, DEZ E DOZE.

Minha professora é 10!

Escreva o que você entendeu sobre a expressão abaixo.

_____
_____
_____

Certamente você não imaginou que a professora do menino fosse 10 pessoas, 10 pedaços, ou outras 10 coisas.

Assim como o número citado expressa uma ideia e não exatamente uma quantidade, os números citados na Bíblia também expressam um valor simbólico, muito mais qualitativo do que quantitativo.

Veja, por exemplo, o significado do número 3.

Na Bíblia, repetir alguma coisa três vezes significa confirmar, ter certeza, dar muita importância, convencer, levar a sério, não deixar dúvida.

Ex.: Para enfatizar o conceito de santidade divina. Quando se quer dizer que Deus é Santo, repete-se três vezes: "Deus é Santo, Santo, Santo". (Is. 6,3)

Veja alguns exemplos e escreva ao lado o que o autor quis dizer.

(Isaías 6, 3)
"Suas vozes se revezavam e diziam: Santo, Santo, Santo."

(Oséias 6, 2)
"Ao terceiro dia levantar-nos-á e viveremos na sua presença."

(Lucas 22, 34)
"Digo-te, Pedro, não cantará o galo, até que 3 vezes haja negado que me conheces."

Vamos ver agora o significado do número 7. É o número perfeito, indica o máximo da perfeição (Mt 15,36); totalidade (Ap 1,4); O sábado é o sétimo dia; Deus fez a Criação em sete dias.

> O número 7, na Bíblia, indica a perfeição, um ciclo concluído, um conjunto harmonioso.

(MATEUS 18, 21-22)

ENTÃO PEDRO SE APROXIMOU DE JESUS E DISSE: DEVO PERDOAR ATÉ 7 VEZES? JESUS RESPONDEU: NÃO TE DIGO ATÉ 7 VEZES, MAS ATÉ 70 VEZES 7.

De acordo com o texto bíblico acima, quantas vezes Jesus ensinou que devemos perdoar?

(GÊNESIS 2, 3)

E DEUS FEZ O MUNDO EM SEIS DIAS E NO SÉTIMO DESCANSOU.

O que você entendeu sobre o significado dos números na Bíblia?

Salmo 138 é o Salmo da presença de Deus. Vamos rezar juntos.

SALMO 138

Ao mestre de canto. Salmo de Davi.

Senhor, vós me sondais e me conheceis, sabeis tudo de mim, quando me sento ou me levanto. De longe conheceis meus pensamentos.

Quando ando e quando repouso, vós me vedes, observais todos os meus passos.

A palavra ainda me não chegou à língua, e já, Senhor, a conheceis toda.

Vós me cercais por trás e pela frente, e estendeis sobre mim a vossa mão.

Conhecimento assim maravilhoso me ultrapassa, ele é tão sublime que não posso atingi-lo.

Para onde irei, longe de vosso Espírito? Para onde fugir, separado de vosso olhar?

Se subir até os céus, ali estareis; se descer à região dos mortos, lá vos encontrareis também.

Se tomar as asas da aurora, se me fixar nos confins do mar, é ainda vossa mão que lá me levará, e vossa mão que me sustentará.

Se eu dissesse: Pelo menos as trevas me ocultarão!

As próprias trevas não são escuras para vós, a noite vos é transparente como o dia e a escuridão, clara como a luz.

Fostes vós que criastes o meu corpo, vós me tecestes no seio de minha mãe.

Sede bendito por me haverdes feito de modo tão maravilhoso. Pelas vossas obras tão extraordinárias, conheceis até o fundo a minha alma.

Nada em mim vos é oculto, quando fui formado ocultamente, quando fui tecido nas entranhas subterrâneas.

Cada uma de minhas ações vossos olhos viram, e todas elas foram escritas em vosso livro; cada dia de minha vida foi prefixado, desde antes que um só deles existisse.

Sugestão de leitura

COMO NOSSA IGREJA LÊ A BÍBLIA
Equipe Nacional de Dimensão Bíblica Catequética
Ed. Paulinas

2ª REFLEXÃO

"E DEUS VIU QUE TUDO ERA B"

No princípio, Deus criou o céu e a terra. A terra estava deserta e vazia.

Deus disse:

— Faça-se a luz!

E a luz se fez. Deus viu que a luz era boa e separou a luz das trevas. À luz chamou "dia" e às trevas chamou "noite" Houve uma tarde e uma manhã, foi o primeiro dia.

Deus disse:

— Faça-se o firmamento entre as águas, separando umas das outras.

E Deus separou as águas debaixo do firmamento, das águas acima do firmamento. Ao firmamento Deus chamou "céu". Houve uma tarde e uma manhã, foi o segundo dia.

Deus disse:

— Juntem-se num só lugar as águas que estão debaixo do céu para que apareça o solo firme.

O solo apareceu e Deus o chamou "terra" e ao ajuntamento das águas, "mar". E Deus viu que tudo era bom.

Deus disse:

— A terra faça brotar vegetação: plantas que deem sementes e árvores que deem frutos sobre a terra.

E Deus viu que tudo era bom. Houve uma tarde e uma manhã, era o terceiro dia.

Deus disse:

— Façam-se luzeiros no firmamento do céu para separar o dia da noite e para iluminar a Terra.

E assim se fez. Deus fez grandes luzeiros, o luzeiro maior (Sol) para presidir ao dia e o luzeiro menor (Lua) para presidir à noite e fez também as estrelas.

Deus viu que tudo era bom. Houve uma tarde e uma manhã, o quarto dia.

Deus disse:

— Fervilhem as águas de seres vivos e voem pássaros sobre a terra, debaixo do firmamento do céu.

Deus criou os grandes animais marinhos e todos os seres vivos que nadam nas águas, segundo suas espécies. Criou répteis, animais selvagens, domésticos, cada um segundo suas espécies.

E Deus viu que tudo era bom!

Deus disse:

— Façamos o homem a nossa imagem e semelhança, para que domine sobre os peixes do mar, as aves do céu, os animais domésticos, todos os animais selvagens e todos os animais que se movem pelo chão.

Deus criou o homem à sua imagem e semelhança.

Deus disse:

— Eu vos dou tudo o que criei sobre a terra, todas as plantas, as árvores, os animais.

Deus viu que tudo o que havia criado era bom. Houve uma tarde e uma manhã, era o sexto dia.

Assim foram concluídos o céu e a terra com todos os seus elementos. No sétimo dia, Deus repousou de toda a obra que fizera. Deus abençoou o sétimo dia e o santificou.

Deus criou um lindo jardim chamado Éden com todo tipo de vegetação para o homem cuidar e se alimentar. Criou a mulher para lhe fazer companhia.

BRUEGHEL, Jan. **Jardim do Éden**. 1612. Óleo sobre cobre, 50,3 cm x 80,1 cm. Galleria Doria-Pamphili, Roma (Itália).

A serpente era o mais esperto de todos os animais. Ela perguntou para a mulher:

— É verdade que Deus disse: "Não comais de nenhuma árvore do jardim"?

A mulher respondeu:

— Nós não podemos comer do fruto da árvore que está no meio do jardim, pois se comermos morreremos.

— De modo algum – disse a serpente – não morrereis, pelo contrário, Deus sabe que, no dia em que comerdes da árvore, vossos olhos se abrirão e sereis como Deus, conhecedores do bem e do mal.

Então, a mulher desobedeceu a Deus e comeu do fruto e deu-o ao seu companheiro. Eles se tornaram conhecedores do bem e do mal.

O homem e a mulher foram expulsos do jardim do Éden e foram cultivar a terra para adquirir seu próprio sustento. Conheceram a dor e o sofrimento e povoaram toda a Terra. O homem chamou a mulher de Eva, porque ela se tornou a mãe de todos os viventes.

(Síntese dos capítulos 1, 2 e 3 do Livro do Gênesis)

O texto anterior conta, numa linguagem bíblica, de que forma Deus criou o mundo e tudo que nele vive. Você leu como a Bíblia descreve a origem do mundo e do gênero humano e a intervenção especial de Deus na criação do homem e da mulher.

Sabemos que a ciência vem estudando a evolução da espécie humana, apresentando diferentes hipóteses sobre o surgimento do mundo e do homem.

Conforme vimos na primeira reflexão, que tratava da linguagem da Bíblia, percebemos que ela usa o sentido figurado para contar suas belas histórias e que não podemos entender suas palavras "ao pé da letra", mas ver o que os escritores sagrados quiseram transmitir ao povo.

Neste texto sobre a criação do mundo, eles a descreveram a seu modo, do jeito que o povo daquela época certamente tinha condições de entender.

Eles tiveram como objetivo apresentar um ensinamento religioso que determinasse:

... as relações entre o homem e seu Criador.

Deus é Criador do mundo, não importa como ele tenha surgido.

... o mundo é naturalmente bom, pois ao criá-lo "Deus viu que tudo era bom".

O homem foi tirado da terra, ou seja, da matéria-prima da Criação.

... a finalidade da Criação é a paz e harmonia.

Em companhia de seus colegas, façam um bonito mural na sala com figuras que representem a Criação de Deus. Não esqueçam de dar um título para este trabalho.

Utilize o espaço abaixo e faça um desenho que represente um aspecto da Criação de Deus que você mais admira, justificando o seu desenho.

A narrativa da criação do mundo diz que "tendo Deus terminado no sétimo dia a obra que tinha feito, descansou do seu trabalho. Ele abençoou o sétimo dia e o consagrou, porque nesse dia repousava de toda a obra da Criação". (Gênesis 2, 1-3)

Na primeira reflexão você viu o significado do número 7, e pode concluir agora que os 7 dias da Criação não foram 7 dias de 24 horas cada um, como você conhece, mas foi um tempo necessário, harmonioso e perfeito para se completar um ciclo de trabalho, sem preocupação com horas ou dias.

Coloque os números na sua ordem crescente e descubra a mensagem.

Reflita e responda.

Você acha que o mundo, hoje, está do jeito que Deus criou? Por quê?

Após a narrativa da criação do mundo e do homem, você leu também o texto que fala da relação do homem com Deus e com a natureza.

Deus deu ao ser humano um grande presente, que é a **LIBERDADE**. Deu também a oportunidade de escolher entre ficar sempre no **PARAÍSO**, ou seja, estar permanentemente com Deus, ou seguir o caminho do mal, representado na figura da **COBRA** (ou serpente).

Quando a Bíblia fala da Árvore do Bem e do Mal, não está querendo dizer que os primeiros homens comeram uma fruta. Isto é apenas um símbolo, para dizer que eles fizeram uma escolha e tiveram que assumir as consequências dos seus atos.

O que aconteceu com Adão e Eva (símbolos da humanidade), acontece hoje com qualquer pessoa. Continuamente nos deparamos com situações em que precisamos fazer escolhas. É preciso pensar bem, pois, junto com as escolhas que fazemos, assumimos também as suas consequências.

Você já esteve diante de alguma situação de escolha? Conte como foi a sua experiência.

Os significados dos nomes ADÃO e EVA estão escondidos no quadro abaixo. Encontre-os, pintando os quadrinhos onde houver a indicação de pontos ( ). •

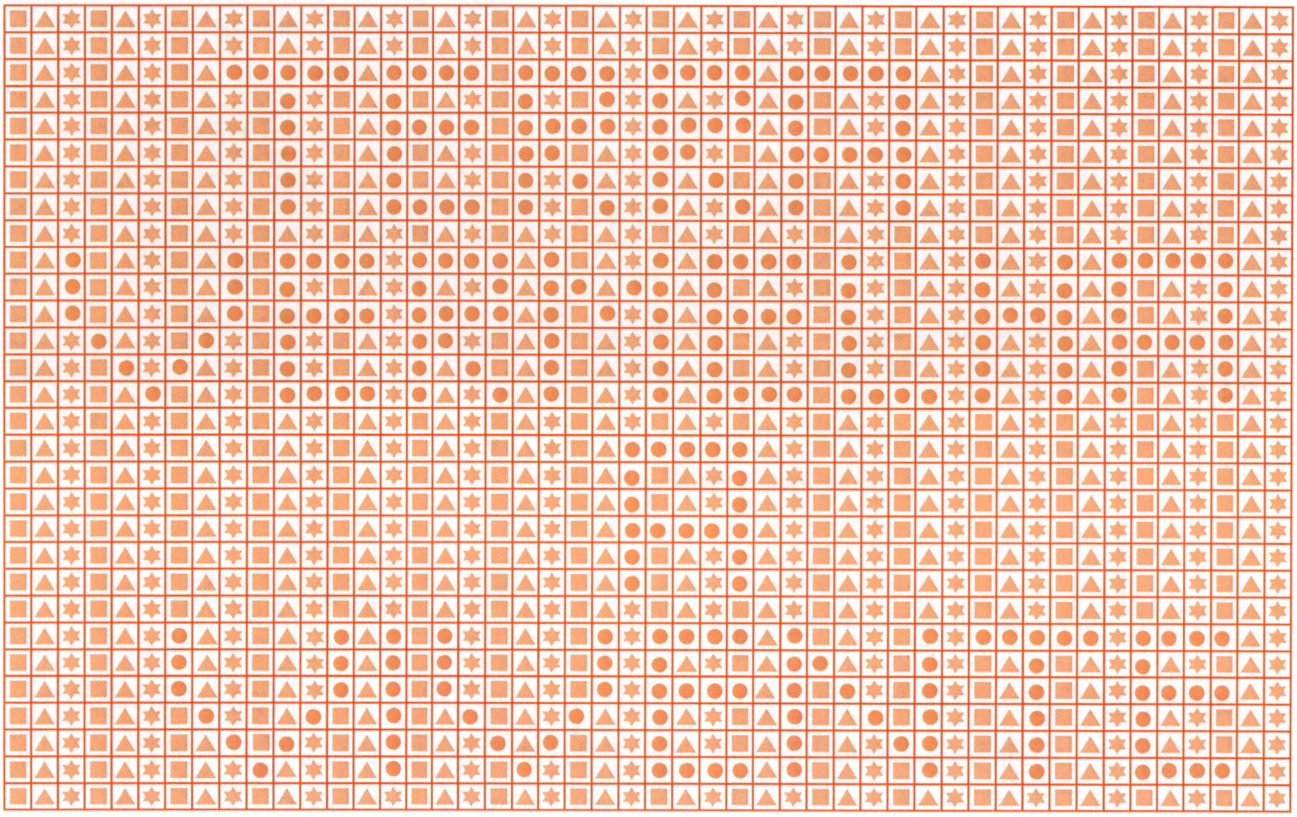

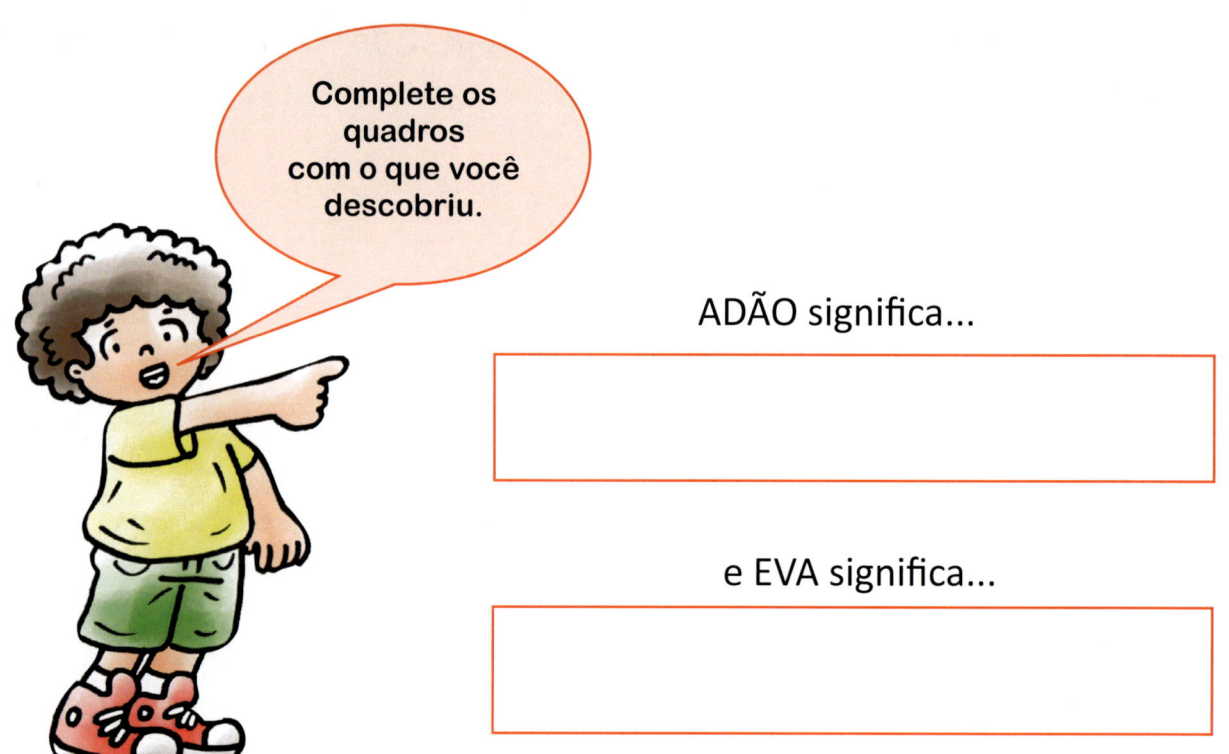

Complete os quadros com o que você descobriu.

ADÃO significa...

e EVA significa...

A partir dos significados anteriores, o que você pôde concluir sobre ADÃO e EVA?

_____
_____
_____
_____

Adão e Eva são figuras que representam a humanidade hoje, com seus conflitos, suas limitações, suas necessidades, seus problemas de convivência.

Substitua os símbolos por letras e decifre a mensagem.

Sugestão de leitura

BÍBLIA PARA CRIANÇAS
Ed. Paulinas

3ª REFLEXÃO

UM GRANDE HOMEM, UM GRANDE POVO

Ao criar o homem e a mulher, representados na figura de Adão e Eva, Deus disse: "Crescei e multiplicai-vos, povoai a terra." (Gênesis 1, 28)

E foi o que aconteceu. A humanidade foi crescendo, formando cidades, povoando toda a Terra.

A Bíblia nos conta que, cerca de 1 800 anos antes de Cristo, numa cidade da Caldeia, chamada Ur, no meio de um povo que não acreditava em Deus, morava um homem bom e justo, chamado Abraão.

Ele e sua esposa Sara acreditavam muito em Deus e gostavam de rezar.

Um dia, Deus falou a Abraão: "Sai da tua terra e vai para a terra que eu te mostrar." (Gênesis 12, 1-3)

Abraão partiu como o Senhor lhe havia dito, em companhia de Sara e de seu sobrinho Lot.

Conhecendo a fé que Abraão manifestava, Deus disse a ele: "Eis que faço uma aliança contigo: serás pai de uma grande nação. Darei a ti e à tua posteridade a terra em que habitas. Eu serei o teu Deus." (Gênesis 17, 4-8)

Como sinal desta aliança, Deus deu a Abraão e Sara um filho: Isaac.

Abraão acreditou em Deus. Deus havia cumprido o que havia prometido. Para provar a fé de Abraão, Deus pediu que ele sacrificasse seu único filho. Abraão obedeceu e foi ao monte Moriá realizar o sacrifício. Mas Deus, vendo a fé de Abraão, não deixou que o sacrifício acontecesse e poupou a vida de Isaac.

LA HIRE, Laurent de. **Abraão sacrificando Isaac**. 1650. Óleo sobre tela. Musée Saint-Denis, Reims (França).

Abraão, então, ofereceu ao Senhor um carneiro em sacrifício e deu graças a Deus.

Então Deus disse a Abraão: "Já que para me obedeceres não poupaste o teu filho único, eu te abençoo. Dar-te-ei uma posteridade tão numerosa como as estrelas do céu e a areia do mar. Por tua descendência serão abençoadas todas as nações da Terra". (Gênesis 22,15-18)

> Abraão tinha um sonho. Queria ter uma vida melhor. Queria se mudar com sua família para uma terra boa, para um lugar bom de viver. Ele então se esforçou, foi à luta e partiu em viagem. Deus abençoou a iniciativa de Abraão. É muito importante a gente ter sonhos, querer coisas melhores. Deus sempre abençoa nossos esforços se a gente quer melhorar na vida e luta para isso. Assim começa a história do povo de Deus – uma história de muitos sonhos, muitas lutas e muitas conquistas. Tudo isso aconteceu muitos e muitos anos antes de Jesus nascer.
>
> (Texto extraído do livro – **Somos Povo de Deus** – p. 15 – Pe. Orione Silva / Solange Maria do Carmo – Paulus – 2008 – São Paulo).

Baseado no texto anterior, complete os quadrinhos, resumindo a história de Abraão.

Deus chama Abraão:
_____
_____

Eis que faço uma aliança contigo:
_____
_____

Para provar a fé de Abraão, Deus pediu:
_____
_____

Mas Deus, vendo a fé de Abraão,
_____
_____

Então Deus disse: "Dar-te-ei uma posteridade tão numerosa _____
_____
_____
_____
_____
_____

A história de Esaú e Jacó é bastante interessante. Eles eram gêmeos, mas como Esaú nasceu primeiro, tinha o direito de "primogenitura". Primogênito era o filho mais velho e sempre tinha mais direitos que os outros.

Um dia, Jacó preparava um prato de lentilhas, quando seu irmão Esaú chegou com muita fome e pediu um pouco daquela comida a Jacó.

Jacó, por sua vez, disse que daria o prato de lentilhas em troca da sua primogenitura. Esaú, como estava com muita fome, aceitou.

Vamos analisar a atitude de Esaú e de Jacó.

> Esaú foi fraco e trocou uma coisa muito importante na sua vida por algo passageiro. Ele era um bom caçador, não precisava ter se precipitado. Jacó foi oportunista e se aproveitou da fome do seu irmão para tirar vantagem para si.

Faça um pequeno comentário sobre o episódio descrito acima.

_____
_____
_____
_____

Você conhece alguma história parecida com a de Esaú e Jacó? Caso conheça, conte-a para seus colegas.

Na história do nosso país, desde seu descobrimento, sempre houve muitas pessoas oportunistas que só queriam vantagens para si.

Exemplos:

- **Os portugueses davam aos índios espelhos e bijuterias em troca da riqueza do pau-brasil.**
- **Atualmente muitos políticos dão cestas básicas de alimentos aos pobres em troca de votos.**
- **Um juiz de futebol pode ser oportunista, ganhando dinheiro para favorecer um determinado clube.**

Escreva aqui mais um exemplo de oportunismo.

_____
_____
_____

Como você pôde ver, as histórias da Bíblia se repetem nos nossos dias.

Precisamos ler as histórias da Bíblia com um olhar de reflexão e ler as histórias da vida com um olhar crítico.

Assim como Esaú vendeu o que tinha de mais importante por um prato de comida, hoje muitas pessoas vendem sua dignidade por dinheiro e posição social.

Veja o exemplo das drogas. O oportunista oferece de graça a primeira vez. Depois que a pessoa está viciada, terá de pagar altos preços para consegui-la, tendo que vender até o que lhe é essencial.

O oportunismo que leva o outro ao prejuízo não é de Deus. A fraqueza em nome de algo passageiro só leva à frustração.

Analise os exemplos citados anteriormente e responda.

Como deveria ser a atitude de Jacó?

Como deveria ser a atitude de Esaú?

O que você faria se alguém lhe oferecesse algo com muitas vantagens? Ficaria desconfiado ou aceitaria na primeira proposta? Justifique sua resposta.

Se você quiser conhecer mais sobre a história de Esaú e Jacó, leia na Bíblia.
(Gênesis 27, 1-38)

Como vimos anteriormente, Jacó teve doze filhos. Entre os doze, havia um que chamava a atenção de seu pai Jacó pela sua inteligência e pelos sonhos estranhos que tinha. Seu nome era José.

José era o preferido de seu pai. Por isso seus irmãos mais velhos resolveram vendê-lo como escravo para os comerciantes egípcios, dizendo ao pai que ele havia sido morto por um animal feroz.

No Egito, mesmo sendo escravo, José foi chamado pelo faraó para interpretar seus sonhos. O faraó gostou tanto dele que o nomeou seu vice-rei.

Veja o sonho do faraó e a interpretação de José.

No meu sonho eu via sete vacas magras e sete vacas gordas. As vacas magras começaram a devorar as gordas. Vi também sete espigas bonitas e grossas, saídas da mesma haste, e sete espigas feias e ressequidas que começaram a devorar as bonitas. O que significa isto?

As sete vacas gordas e as espigas bonitas representam sete anos de grande fartura de alimentos para o povo do seu reino. As sete vacas magras e as espigas feias, significam outros sete anos de seca e de fome no seu país.

O faraó acreditou nas palavras de José e durante os sete anos de fartura armazenou muito alimento para os sete anos de miséria que viriam depois.

Por causa desta interpretação do sonho do faraó, José foi considerado o salvador do Egito.

Reflita um pouco sobre o que vimos até agora e responda.

Qual o sentimento que levou os irmãos de José a vendê-lo como escravo?

Por que eles tinham esse sentimento?

Você já sentiu inveja de alguém? O que você fez com esse sentimento?

Sentir inveja, medo, desprezo, rancor, não depende da nossa vontade. São emoções que brotam em nós em determinado momento e isto não é mau. O que nós fazemos com estes sentimentos é que é a questão.

Se por causa de um sentimento, faço mal a outra pessoa, não estou agindo com sabedoria. Preciso transformar este sentimento ou emoção em uma ação positiva, numa atitude que me deixe em paz e favoreça o bem do outro.

Você consegue controlar seus sentimentos e emoções na convivência com os colegas? Como?

Vamos continuar a história de José.

Você acha que a interpretação do sonho do faraó, feita por José, deu certo?

Se você respondeu que sim, acertou.

Passaram os sete anos de fartura e vieram os sete anos de miséria.

Não faltou comida no Egito, pois o faraó havia armazenado muito alimento. Mas os povos de outros países que não haviam se preparado para isto tiveram que sair de suas terras para ir até o Egito comprar alimentos.

O mesmo aconteceu com os irmãos de José.

Eles foram até o Egito para comprar alimentos e encontraram José.

José os reconheceu, mas não disse nada. Depois de dar alimento a eles várias vezes, José se revelou:

Eu sou José, o irmão que vocês venderam como escravo.
Deus me enviou para salvar o seu povo da fome e da miséria.
Voltai a Canaã, tomai nosso pai e vossas famílias e vinde para junto de mim.
Nada lhes faltará aqui no Egito.

Assim os descendentes de Abraão foram morar no Egito, onde ficaram por, aproximadamente, 400 anos.

Se você quiser saber tudo sobre a história de José, leia o Livro do Gênesis, do capítulo 37 ao 50. É uma história comprida, mas muito interessante. Leia um capítulo por dia. Você vai gostar.

Já refletimos um pouco sobre a atitude dos irmãos de José. Agora vamos refletir sobre a atitude de José.

José, apesar de ter sido vendido por seus irmãos como escravo, nunca guardou rancor por eles, mas os acolheu assim que soube de suas necessidades. Por que será que ele fez isso? Pense e escreva.

Você seria capaz de perdoar alguém que lhe tenha feito algum mal? Explique sua resposta.

Você conhece alguém que tenha perdoado quem lhe fez algum mal? Conte como foi.

Por meio da história de José, você pôde perceber que as pessoas sempre tiveram dificuldades para aceitar que são filhos do mesmo Deus e, portanto, com os mesmos direitos e deveres.

Desde milhares de anos antes de Cristo, o trabalho escravo já existia.

Jesus veio pregar o amor e a igualdade, deu sua vida para provar isto, mas, mesmo assim, a escravidão, a ganância, o poder, sempre estiveram presentes na humanidade.

Na história do Brasil o trabalho escravo durou alguns séculos. Depois, ele foi extinto legalmente, mas existem ainda muitas pessoas que vivem em regime de escravidão no nosso país, sendo desrespeitada a lei que diz:

> "Ninguém será submetido à escravidão; a escravidão e o tráfico de escravos, sob todas as suas formas, são interditos. Ninguém será mantido em servidão. Ninguém será constrangido a realizar trabalho forçado ou obrigatório."
>
> (Art. 8º do Pacto Internacional sobre os Direitos Civis e Políticos).

Já se passaram muitos anos desde a abolição da escravatura, mas a prática do trabalho escravo ainda existe no mundo todo, o mesmo acontecendo também no nosso país.

Em todo o mundo, existem milhões de adultos, jovens e crianças, cumprindo regimes de servidão, muitas vezes crianças separadas de suas famílias e exploradas em fábricas clandestinas e até mesmo em prostíbulos. Outros milhões trabalham, sem serem vistos, em atividades domésticas, por vezes cedidos ou vendidos em pequena idade, sem poder organizar ou decidir suas vidas, vítimas da exploração econômica, do desrespeito e da maldade humana.

(Informações tiradas do livro – **Trabalho Escravo no Brasil Contemporâneo** – p. 47 – Comissão Pastoral da Terra – 1999 – São Paulo).

Na sua opinião, o que leva uma pessoa a escravizar outras pessoas?

Complete a cruzadinha, escrevendo na vertical palavras que indicam respeito, e na horizontal palavras que indicam desrespeito à vida humana.

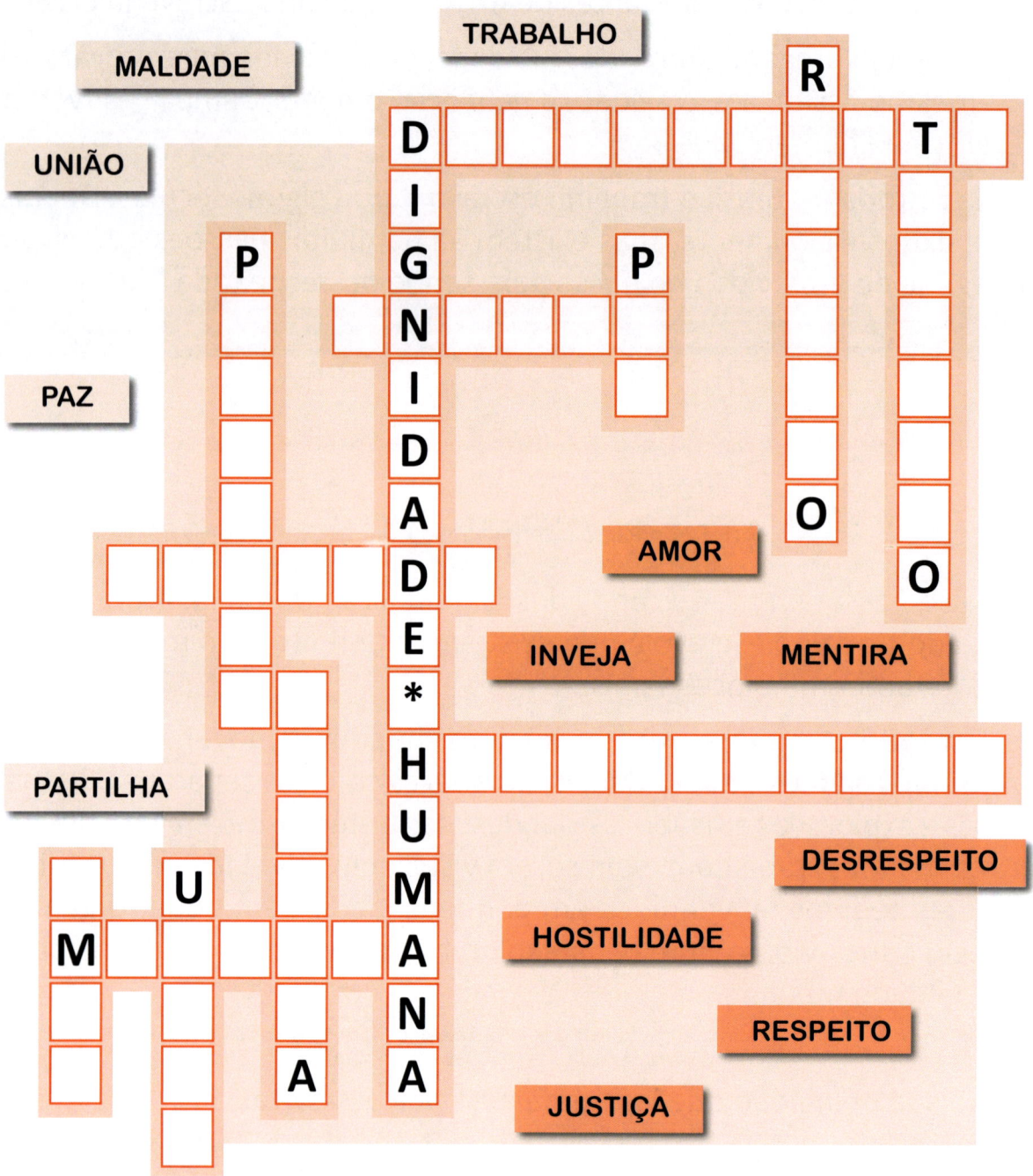

Frequentemente as revistas ou *sites* divulgam reportagens falando do problema do trabalho escravo hoje no Brasil e no mundo. Procure ler alguma reportagem sobre o assunto para poder trocar ideias com seus colegas.

Reflita e responda.

Como é o seu relacionamento na família, na escola, na comunidade? É de respeito ao outro? É de dominação? Você só faz ao outro o que gostaria que fizessem a você?

Este espaço é seu. Expresse nele o assunto tratado até aqui, através de palavras, desenhos, figuras, reportagens, poesias, etc.

4ª REFLEXÃO
UMA GRANDE CONQUISTA: A LIBERDADE

Conforme vimos anteriormente, o povo de Deus, descendentes de Abraão, Isaac, Jacó e José, permaneceram no Egito durante 400 anos. Eles se multiplicaram muito e povoaram todo o Egito. Enquanto José era vivo, eles eram tratados com respeito, mas após sua morte, subiu ao trono um novo rei que não tinha conhecido José e ficou preocupado com o grande número de israelitas que povoavam o Egito.

"Os israelitas tornaram-se numerosos e fortes demais para nós. É preciso tomarmos precaução contra eles e impedir que se multipliquem, para não acontecer que, sobrevindo uma guerra, se unam com os nossos inimigos, combatam contra nós e se retirem do país."

Então o faraó tomou duas medidas radicais:

1ª - Escravizou os israelitas, submetendo-os a trabalhos penosos e impondo-lhes a mais dura escravidão. Trabalhavam nas construções e na fabricação de tijolos, bem como em todo tipo de trabalho nos campos e em todas as tarefas, sem direito à remuneração e ao descanso.

2ª - Deu ordem às parteiras da época para matar todos os meninos israelitas recém-nascidos.

Nessa época, uma mulher israelita teve um filho e o escondeu durante três meses.

Não podendo ocultá-lo por mais tempo, pegou uma cesta, untou-a de betume, colocou o menino dentro e a depositou à beira do rio, no meio dos caniços.

A filha do faraó desceu até o rio para tomar banho e viu o cesto e o menino. Imaginou que se tratava de uma criança israelita e a levou para seu palácio. A mãe do menino ofereceu-se para ser sua ama de leite.

A filha do faraó aceitou, sem saber que a criança seria amamentada pela própria mãe. Quando o menino cresceu, ela o conduziu ao palácio, onde a filha do faraó o adotou como filho e lhe deu o nome de "MOISÉS", que significa: "SALVO DAS ÁGUAS".

Moisés cresceu e se tornou um homem bom, por isso Deus o escolheu para libertar o seu povo que sofria com a escravidão no Egito.

SANZIO,. Raffaello. **Moisés salvo das águas**. 1518. Afresco. Palazzi Pontifici, Vaticano (Itália).

Então Deus disse a Moisés:

"Moisés, eu vi a aflição do meu povo e ouvi seus clamores. Eu conheço seus sofrimentos. Eu te envio para tirar o meu povo do Egito e conduzi-lo a uma terra fértil e espaçosa, onde jorra o leite e o mel."

(Êxodo 3, 7-8)

No começo, Moisés ficou com medo, pois sabia que teria que enfrentar o faraó, que era muito poderoso. Mas acreditou em Deus, que disse estar sempre com ele.

Foram muitas as dificuldades enfrentadas por Moisés, pois o faraó não queria perder os seus escravos. Deus precisou operar muitos prodígios para que o faraó percebesse o seu poder e, enfim, deixasse seu povo partir.

Se você quiser conhecer melhor a história de Moisés e a libertação do povo do Egito, leia na Bíblia: Êxodo, capítulos 2 ao 14.

Após ter tirado seu povo do Egito, Moisés e os israelitas cantaram ao Senhor um lindo canto de louvor. Leia em Êxodo, 15, e copie alguns versículos dos quais você mais gostou.

Moisés foi uma pessoa muito importante, porque ajudou o povo a se organizar para vencer a escravidão. Ele tinha sido criado na casa do rei, mas quando ficou sabendo que era parente do povo de Deus, resolveu ajudar toda aquela gente a conquistar sua liberdade. O povo queria muito a liberdade. Mas faltava alguém para organizar e encorajar. Moisés deu sua ajuda. O povo se uniu e se organizou. Juntos eles lutaram pela liberdade.

A travessia do Mar Vermelho foi a primeira grande vitória do povo. Atravessar aquele mar significava ficar livre da escravidão do Egito.

Por outro lado, havia um longo caminho a percorrer, no meio do deserto, até a terra de Canaã, para onde o povo queria ir.

(Texto extraído do livro – **Somos Povo de Deus** – p. 63 – Pe. Orione Silva / Solange Maria do Carmo – Paulus – 2008 – São Paulo).

Quando o povo hebreu estava para ser liberado do domínio egípcio, após longo período de escravidão, o senhor disse a Moisés e a Aarão: "Cada família deve tomar um cordeiro e levá-lo para ser imolado na hora do pôr do sol. Então, com o sangue do cordeiro, molharão os batentes das portas de suas casas. Depois comerão a carne assada no fogo com pães sem fermento e ervas amargas. Naquela noite, passarei pelo Egito e exterminarei todos os seus primogênitos. Só não serão atingidas as casas que estiverem marcadas com o sangue do cordeiro. Ao ver o sangue nas portas, serão protegidos e não serão atingidos pela destruição e morte."

Todo ano, na noite de lua cheia de primavera, os hebreus celebravam a Páscoa, com o sacrifício de cordeiro e o uso dos pães ázimos (sem fermento), conforme a ordem recebida por Moisés (Ex 12,21). Era uma vigília para lembrar a saída do Egito (forma pela qual tal fato era passado de geração em geração). (Ex 12,42; 13,2-8)

O CORDEIRO ABATIDO NAQUELA NOITE DA LIBERTAÇÃO É A FIGURA DE JESUS QUE, NO NOVO TESTAMENTO, MORREU PARA LIBERTAR O POVO DE SEUS PECADOS, DANDO SUA VINDA COMO MAIOR PROVA DE AMOR.

Tente preencher a cruzadinha, na página seguinte, utilizando seus conhecimentos. Se não conseguir, procure na Bíblia ou pergunte a alguém de seu convívio.

1. Todos nascemos, não para a escravidão, mas para a _____.
2. Homem bom que Deus chamou para ajudar seu povo a sair do Egito: _____.
3. Moisés ficou com medo, mas mesmo assim _____ a Deus.
4. Moisés não se deixou abater pelo _____.
5. Para celebrar a Páscoa os israelitas costumavam comer pão sem _____.
6. O povo de Deus era chamado de _____.
7. Nome dado ao rei que governava o Egito: _____.
8. A terra que Deus prometeu aos israelitas era fértil e _____.
9. Os israelitas eram os descendentes de _____.
10. Nome do vice-rei que levou os israelitas para morar no Egito: _____.
11. Significado do nome Moisés: _____.
12. Deus viu a aflição do seu _____.
13. O povo do Egito vivia em regime de _____.
14. O povo de Deus era escravo no _____.
15. Os israelitas, após comerem o cordeiro e o pão sem fermento, _____ rumo à terra prometida.
16. Para a ceia, eles deviam sacrificar um cordeiro ou um _____.
17. A ceia da noite da saída do Egito era para celebrar a _____.

Preencha a cruzadinha com as palavras que você descobriu na página anterior.

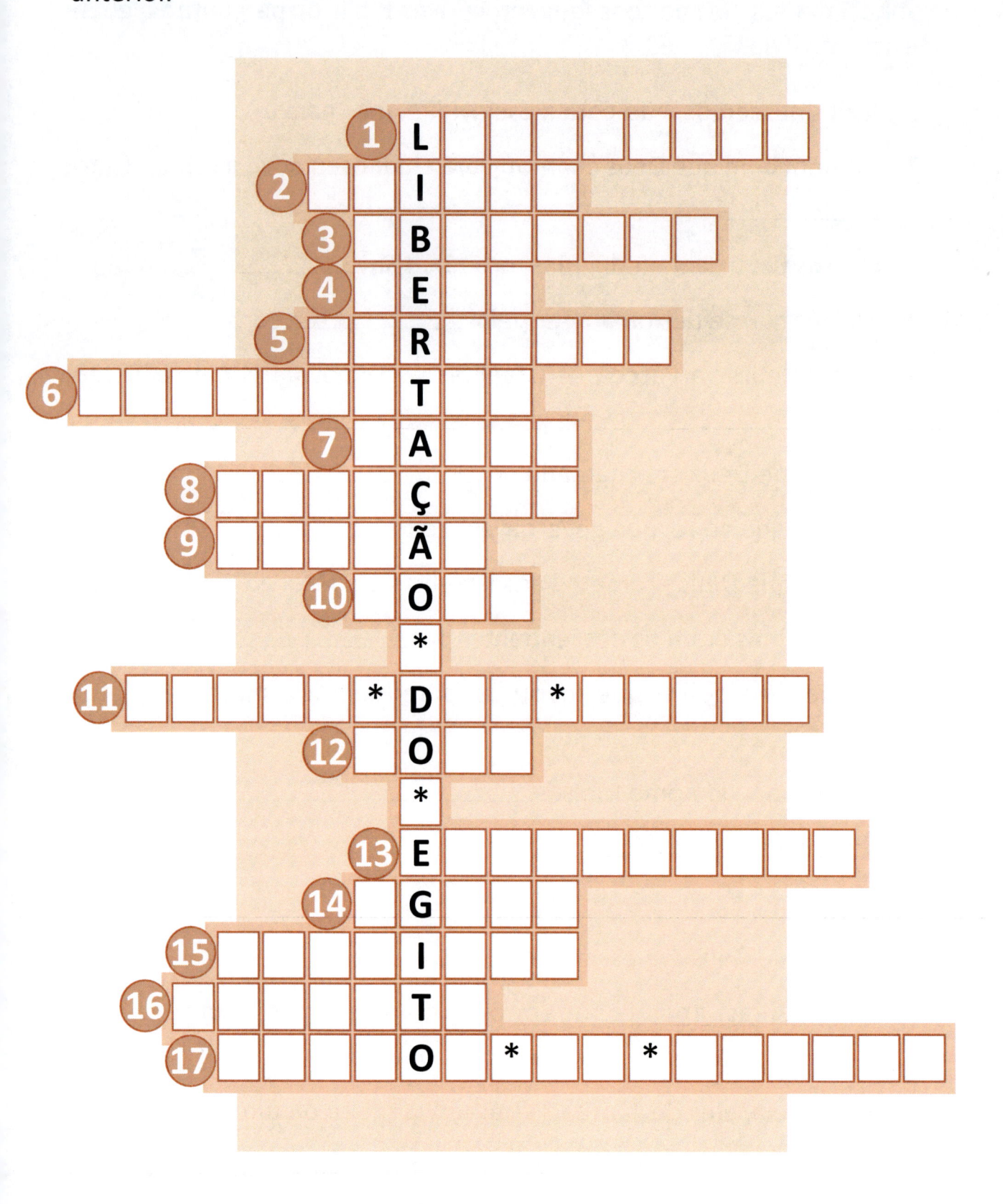

A Bíblia conta que, durante 40 anos, o povo israelita peregrinou pelo deserto em busca da terra prometida.

Passaram por muitas dificuldades e precisaram travar muitas lutas. Muitas vezes quiseram desistir, mas Moisés sempre esteve à frente do seu povo para os animar e os conduzir pelo caminho do Senhor.

Depois de orientar por muitos anos o povo pelo deserto, Moisés escolheu Josué para ser o líder. Ele era um homem bom, forte, justo, corajoso e tinha muita fé em Deus.

Guiados por Josué, o povo seguiu seu caminho pelo deserto rumo à terra prometida. O povo estava cansado de viver no deserto, passando fome, sede, calor, doenças e tantas outras dificuldades. Estava chegando a hora de receber a recompensa: uma terra fértil, onde poderiam plantar, criar seus rebanhos e ficar longe da escravidão do Egito.

Quando chegaram a Canaã, a terra prometida, a primeira providência tomada foi a divisão do território em 12 partes, uma parte para cada descendência dos 12 filhos de Jacó.

Sugestão de leitura

SOMOS POVO DE DEUS
Pe. Orione Silva / Solange Maria do Carmo
Ed. Paulus

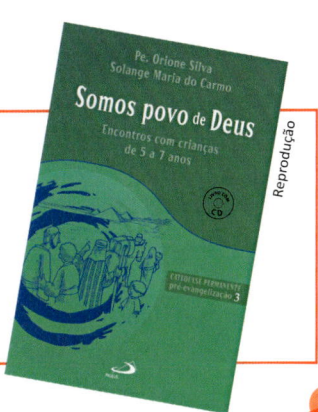

Como Josué, nós também precisamos seguir estes conselhos de Deus. Devemos caminhar, seguindo os ensinamentos Dele; precisamos ter fé, firmeza e muita disposição. Devemos fazer com carinho tudo o que temos de fazer. Deus sempre nos abençoa e nos ajuda a superar as dificuldades das tarefas que a gente realiza. É assim que conquistamos a nossa verdadeira liberdade. O povo de Deus saiu da escravidão, caminhou muitos anos entre as dificuldades do deserto e, enfim, chegou à terra de Canaã, que era uma terra fértil, boa, cheia de liberdade e paz. Depois de tudo isso, a gente percebe que valeu a pena caminhar, mesmo enfrentando tantos obstáculos. O povo alcançou vitória, caminhando com fé e perseverança, sem desanimar. Em muitos momentos, o povo pensou em voltar atrás. Que bom que não voltou. Essa vitória do povo de Deus é um incentivo para cada um de nós.

(Texto extraído do livro – **Somos Povo de Deus** – p. 95 – Pe. Orione Silva / Solange Maria do Carmo – Paulus – 2008 – São Paulo).

Vamos recitar:

O DESERTO E O POVO

*No deserto,
o povo caminhava
Aflito, faminto, mas sabia
que Deus com ele estava.
Este povo tinha poucas riquezas:
A esperança, a fé,
uma longa estrada.*

*No deserto,
o povo também se revoltava;
Às vezes perdia a fé,
a esperança,
sem crer em nada.
Mas sempre rogava
ao seu Deus, sua força
E para o caminho,
sempre voltava.*

*No deserto, o povo de Deus sentiu fome
E Deus mandou o maná para o saciar.
Cantando, dando graças, o povo se alegrava
E novamente ao caminho voltava.*

*No deserto, o povo avistou a Terra Prometida
Deu Glórias ao Senhor, proclamando seu amor
Acreditou na sua força e no seu poder e lembrou:
O Caminho é bom quando se está com o Senhor!*

47

UM POVO, UMA ALIANÇA

1ª REFLEXÃO

MARCADOS POR UMA LEI

A finalidade da libertação é conquistar a "terra onde corre leite e mel", ou seja, ir para um lugar onde exista alimento, água e dignidade para todo o povo. Contudo, ao sair da terra da opressão – Egito –, o povo entrou no deserto e o atravessou, mostrando a necessidade de se enfrentar a aridez, as dificuldades e a tentação de voltar atrás.

Deus liberta seu povo da escravidão e o quer plenamente livre. O povo no deserto, ao experimentar a fome e a seca, sente a tentação de voltar atrás, chora a saudade das lembranças da escravidão. No Egito, eram escravos, mas tinham comida, por pior que fosse.

Confrontando-se com as provações, dúvidas e tentações de seguir outros deuses, o povo buscava uma mudança de mentalidade e uma adesão a um único Deus que o levou a pensar mais nos outros.

Fragmento – Cesar Cordeiro de Barros – © 2006 – Salvatorianos.
http://www.salvatorianos.org.br/biblico

O povo de Deus continuou a difícil viagem para chegar ao Monte Sinai.

Moisés subiu ao monte para orar. Na conversa com Deus, Moisés entendeu que o povo precisava de leis, que os orientassem na caminhada, para diferenciar o seu povo dos pagãos.

Deus, então, se manifestou dizendo:

> "Quero confirmar convosco uma Aliança de Amor, que comecei com Abraão. Se ouvirdes a minha voz e guardardes a minha Aliança, eu serei o vosso Deus e vós serei o meu povo." (Êxodo 19, 3-6.)

Deus entregou a Moisés as Tábuas da Lei: os Dez Mandamentos, leis que ajudaram o povo a se organizar e a viver longe da escravidão do faraó. Essas tábuas foram guardadas numa arca, que se tornou um sinal do compromisso que o povo assumia com Deus.

Quando Moisés entregou os Dez Mandamentos, o povo comemorou a aliança que estavam fazendo com Deus.

REMBRANDT, Harmenszoon van Rijn. **Moisés e as Tábuas da Lei**. 1659. Óleo sobre tela, 169 cm x 137 cm. Staatliche Museen, Berlim (Alemanha).

Deus queria que o seu povo vivesse feliz e unido com seus mandamentos. Na Arca da Aliança (uma caixa de madeira) ficavam os Dez Mandamentos, gravados em duas pedras. A Arca da Aliança era um sinal do compromisso com Deus, e ficava guardada em um lugar especial, sendo levada à frente do povo durante toda a caminhada pelo deserto.

Deus, através dos mandamentos, quis ensinar o povo hebreu, e também a todos nós, as normas e condutas que devemos ter para uma caminhada de compromisso com as pessoas.

Todos os povos, em cada país, obedecem suas leis, sua constituição, que organiza a forma de viver de seu povo, seus impostos e taxas, o que é permitido e o que não é permitido fazer.

Deus também coloca em nossa vida leis para que possamos viver em sintonia com Ele são avisos importantes que nos orientam para uma vida melhor.

Os Dez Mandamentos, recebidos por Moisés no Monte Sinai, nos trazem grandes ensinamentos.

Os três primeiros referem-se ao:

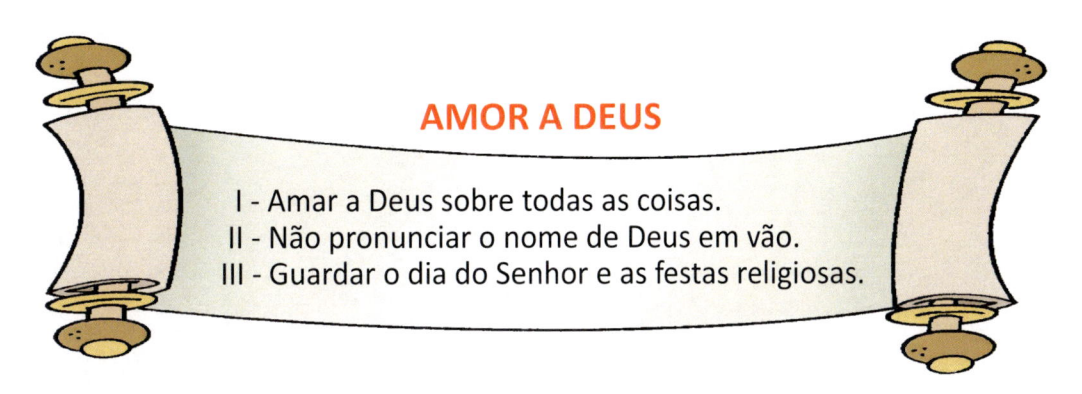

AMOR A DEUS

I - Amar a Deus sobre todas as coisas.
II - Não pronunciar o nome de Deus em vão.
III - Guardar o dia do Senhor e as festas religiosas.

Outros três mandamentos referem-se ao:

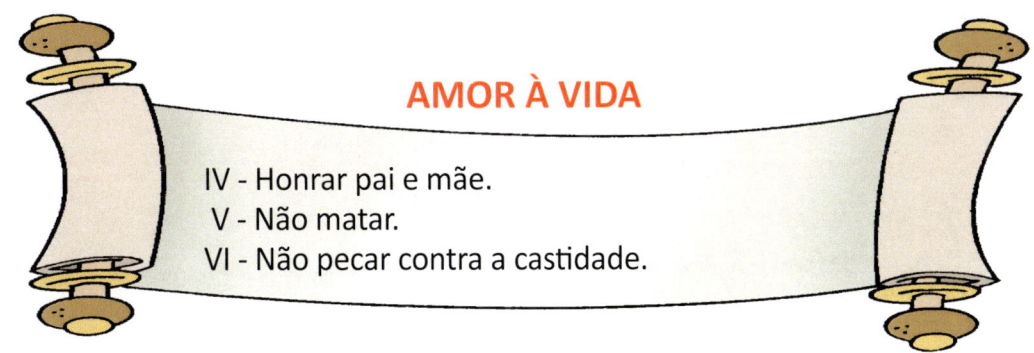

AMOR À VIDA

IV - Honrar pai e mãe.
V - Não matar.
VI - Não pecar contra a castidade.

Os quatro últimos referem-se ao:

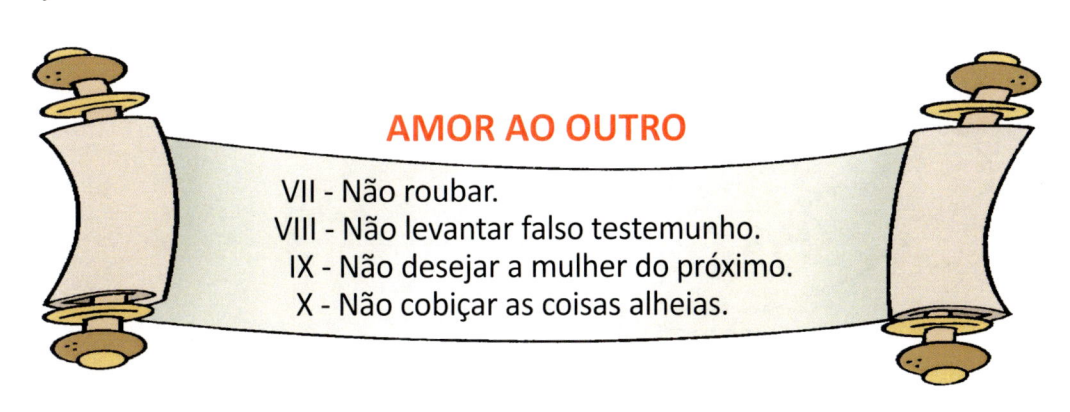

AMOR AO OUTRO

VII - Não roubar.
VIII - Não levantar falso testemunho.
IX - Não desejar a mulher do próximo.
X - Não cobiçar as coisas alheias.

Vamos tentar entender melhor a história do povo hebreu, completando a cruzadinha a seguir.

1) No Monte Sinai, Deus entregou a Moisés os _____ .

2) A Arca da Aliança era levada à frente do _____ pelo deserto.

3) A Arca simbolizava compromisso e _____ de Deus com seu povo.

4) Os Dez Mandamentos foram gravados em _____ .

5) O povo foi libertado, deixando de viver como _____ do faraó.

6) Moisés recebeu os Dez Mandamentos quando foi orar no _____ _____ .

> O povo de Deus ouviu com atenção os ensinamentos de Moisés e guardou com respeito todos os MANDAMENTOS, prometendo ser fiel a Deus.

52

Moisés se preocupou com seu povo. Nos dias de hoje existem muitas lideranças religiosas e comunitárias que se preocupam com a dignidade do ser humano. Muitos até acabam perdendo a vida pela causa humanitária.

Com a ajuda de sua família, pesquise alguns desses líderes e partilhe com seus colegas em sala de aula.

2ª REFLEXÃO

AMAR A DEUS

I - AMAR A DEUS SOBRE TODAS AS COISAS

(Ex 20,2-5)

"Amarás o Senhor teu Deus com todo o teu coração, com toda a tua alma e com todas as forças." (Dt 6,5)

Deus deve ocupar um lugar importante em nossa vida. Foi Ele que nos criou com amor e de forma toda especial.

Por isso Deus deve estar acima das coisas terrestres, dos bens materiais.

Amando a Deus e acreditando no seu amor para conosco, viveremos felizes e saberemos amar e respeitar o outro.

O segredo da verdadeira felicidade está em amar a Deus em primeiro lugar. Assim, estaremos firmes e seguros para conquistar nossos objetivos.

Existem muitos "ídolos" por aí. Às vezes fabricados pelos meios de comunicação, outras vezes por nós mesmos. Nos apegamos a eles e deixamos de lado os verdadeiros valores da vida.

O Primeiro Mandamento convida o homem a crer em Deus, a esperar nele e a amá-lo acima de tudo.

Amigo! Você entendeu o que é amar a Deus? Conte para todos.

É ter Deus sempre em primeiro lugar na nossa vida.

II - NÃO FALAR O NOME DE DEUS EM VÃO

(Ex 20,7)

Nós não falamos o nosso nome para qualquer pessoa, nem gostamos que fiquem brincando com ele. O nome é muito importante e devemos zelar por ele.

Se o nosso nome é muito importante e deve ser respeitado, muito mais importante deve ser o nome de Deus, pelo qual devemos ter respeito e carinho. O nome de Deus não deve ser usado sem motivo, em brincadeiras. Estamos acostumados a dizer o nome de Deus sem pensar, sem necessidade, desrespeitando esse mandamento.

Quem ama a Deus sobre todas as coisas, respeita o seu nome, pois Deus ocupa um lugar importante em sua vida.

Muitas atitudes injustas em nossa sociedade são cometidas, usando o nome de Deus, o que é um grande desrespeito.

O Segundo Mandamento prescreve respeitar o nome do Senhor. O nome do Senhor é santo.

O que este Mandamento quer nos ensinar?

Devemos invocar o nome de Deus para rezar, pois seu nome é santo.

"Senhor nosso Deus, quão poderoso é teu nome em toda a Terra." (salmo 8, 11.)

III - GUARDAR O DIA DO SENHOR E AS FESTAS RELIGIOSAS

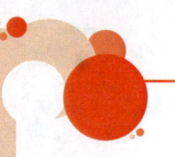

(Ex 20,8-11)

Todos os dias são do Senhor, mas existem alguns que são especiais. Nesses dias, as pessoas descansam do trabalho, ficam mais tempo com a família e se reúnem para ouvir a palavra de Deus, refletir e louvar, cada um em sua igreja, em seu local de oração. Igreja não é só aquela construção simbólica como templo. Igreja somos nós, porque somos morada do Espírito Santo, morada de Deus, é a comunidade que se reúne para louvar.

Não devemos perder as oportunidades de participar ativamente desses encontros. Eles nos proporcionam um momento especial, não só para refletir, louvar e oferecer, mas também para agradecer e celebrar com a comunidade as maravilhas que Deus faz por nós.

Sendo assim, o Terceiro Mandamento quer nos alertar para:

Para respeitarmos o nome de Deus:

Devemos	Não devemos

Deus ocupa um lugar importante na sua vida? Por quê?

Sua família vai à igreja? Por quê?

A igreja que você participa o ajuda a ser melhor?

Na sociedade, as pessoas se preocupam com os valores religiosos? De que forma isso acontece?

É hora de trocar ideias com a turma. O que podemos fazer para viver melhor estes três primeiros mandamentos?

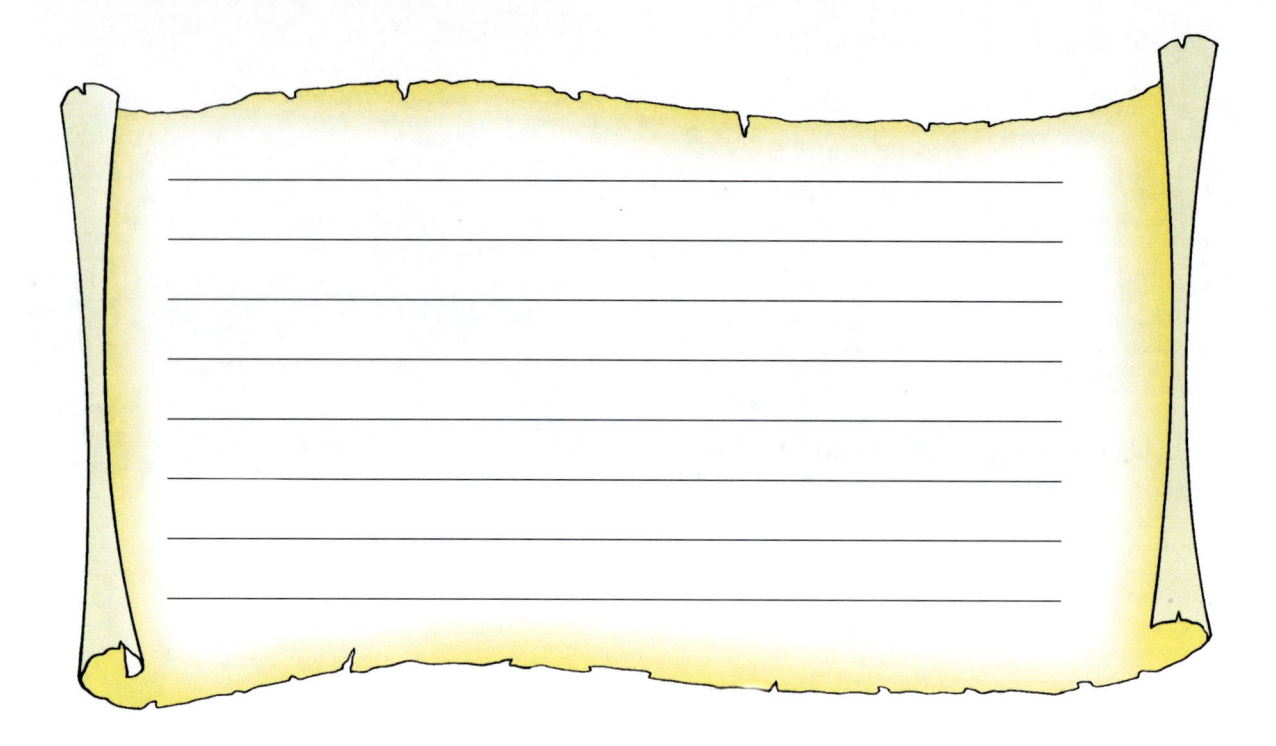

Faça uma oração a Deus, pedindo o que você mais precisa para viver esses mandamentos.

3ª REFLEXÃO

AMAR A VIDA

IV - HONRAR PAI E MÃE

(Ex 20,12)

"Honra teu pai e tua mãe." (Dt 5,16; Mc 7,8)

"Filhos, obedecei vossos pais no Senhor, porque isso é justo. Este é o Primeiro Mandamento acompanhado de uma promessa; honra teu pai e tua mãe, para que sejas feliz e tenhais longa vida sobre a terra." (Ef. 6,1-3)

Os filhos devem a seus pais respeito, gratidão, obediência e ajuda. O respeito filial favorece a harmonia de toda a vida familiar.

Os pais devem ser responsáveis por educar os filhos e têm o dever de atender, na medida de suas condições, às necessidades físicas e espirituais dos filhos. Os pais também devem respeitar e favorecer a vocação de seus filhos.

Cumprimos este mandamento quando:

- Somos sinceros com nossos pais.
- Procuramos dialogar sempre com eles.
- Cultivamos um ambiente de amor e alegria.
- Somos responsáveis pelas nossas atitudes.

Para sermos felizes, precisamos respeitar e dialogar com as pessoas que vivem na mesma casa.

Nossos pais ou as pessoas que são responsáveis por nós, como: pais adotivos, avós, tios, tias, padrinhos, madrinhas, etc., merecem respeito, gratidão e muito carinho.

A família é o grande eixo da sociedade. Nela aprendemos a viver a solidariedade, o respeito, a partilha.

"Honra teu pai e tua mãe, para que teus dias se prolonguem sobre a terra que te dá o Senhor, teu Deus." (Êxodo 20-12)

Todos podemos crescer de forma harmoniosa na família, pois o amor, a compreensão e o diálogo devem fazer parte do nosso relacionamento.

FAMÍLIA: SANTUÁRIO DA VIDA.

V - NÃO MATAR

(Ex 20,13)

Toda vida humana, desde o momento da concepção até a morte, é sagrada porque a pessoa humana foi criada à imagem e à semelhança de Deus vivo e santo.

A vida humana é sagrada porque desde a sua origem encerra a ação criadora de Deus, e permanece para sempre numa relação especial com o Criador, seu único fim. Só Deus é o dono da vida, do começo ao fim; ninguém em nenhuma circunstância pode reivindicar para si o direito de destruir um ser humano.

"Bem-aventurados os que promovem a paz, porque serão chamados filhos de Deus". (Mt 5,9)

Nosso Deus é um Deus da vida e não da morte. Ele quer que a vida seja valorizada.

Todos temos o direito à vida, e ninguém pode tirá-la.

Não se trata somente de "não matar" fisicamente, mas moralmente não destruir a pessoa, não tornar difícil a vida dos outros. Ofender os outros também é uma forma de matar o sentimento das pessoas. A vida é o maior bem que possuímos.

Precisamos impedir a morte em nossa sociedade em todos os níveis, contribuindo para diminuir as situações de doença, fome, falta de moradia, poluição, violência, criminalidade, etc.

Seja defensor da vida, desde uma planta até os animais que estão prestes a ser extintos.

Descubra as atitudes que podem nos ajudam a cumprir o 5º mandamento. Tro que os símbolos pelas letras correspondentes.

A	B	C	D	E	F	G	H	I	J	L	M	N	O	P	Q	R	S	T	U	V	X	Z
●	☼	✖	▼	□	■	◆	○	☆	△	●	▶	▽	▲	○	★	◐	◊	◇	✚	✺	◇	✦

Para cumprir esse mandamento, precisamos:

- Defender a vida, de todas as formas.
- Não ofender ou magoar as pessoas.
- Cuidar do ambiente em que vivemos.
- Evitar vícios que prejudiquem nosso corpo.
- Ser solidário com os doentes e necessitados.

SENHOR! ENSINA-ME A VIVER TEUS ENSINAMENTOS.

VI - NÃO PECAR CONTRA A CASTIDADE

Imagine a imagem de Deus em cada ser humano, que deve sempre ser respeitada.

O relacionamento entre as pessoas deve ser construído no amor e no respeito. Precisamos valorizar e cuidar do nosso corpo com atenção e carinho, pois ele é templo de Deus, fonte de vida.

Todas as partes do nosso corpo são bonitas, todas feitas por Deus e exercem funções importantes, portanto, devemos valorizar e respeitar nosso corpo.

As pessoas demonstram que se querem bem através das suas atitudes. As atitudes de respeito são manifestadas através da amizade sincera, do coleguismo e do amor, assim como por meio de gestos bonitos e carinhosos. O amor, o namoro, são saudáveis se existir respeito.

Deus escolheu homens e mulheres para que, unidos no amor, colaborem com Ele na formação de uma nova vida.

Para um casamento dar certo é preciso que um respeite o outro, e sejam fiéis no amor que prometeram mutuamente.

VÓS SOIS O TEMPLO DE DEUS.

Pensando nos mandamentos vistos até aqui, responda.

Como estou contribuindo com meus pais, para que haja mais "vida" em minha família?

_____
_____
_____

Existe diálogo em minha família? Como isto acontece?

_____
_____
_____

Procure no caça-palavras as atitudes que nos ajudam a viver o 6º Mandamento.

A	A	M	O	R	F	G	G	H	I	J	L	M	N	R	O	C
G	F	C	D	C	B	E	A	Z	X	V	U	T	S	E	R	O
H	A	U	E	U	V	H	H	N	B	D	M	F	G	S	S	M
I	Z	I	F	T	X	R	M	A	C	F	N	E	H	P	T	P
G	X	D	G	S	Z	F	O	Z	E	G	O	D	I	E	U	R
L	V	A	L	O	R	I	Z	A	Ç	Ã	O	E	J	I	V	O
M	V	D	H	R	A	G	P	X	H	R	D	C	L	T	X	M
N	U	O	I	Q	B	I	Q	V	I	J	Q	B	M	O	Z	I
O	T	O	J	P	C	F	I	D	E	L	I	D	A	D	E	S
P	S	C	L	O	D	J	R	U	J	T	V	A	N	Q	B	S
Q	R	D	M	N	E	L	S	A	M	I	Z	A	D	E	C	O

_____
_____
_____

Quais as atitudes e gestos de respeito que devo ter para com os outros?

Represente por meio de desenhos.

Ligue corretamente.

QUANDO RESPEITO MEU CORPO:

- fico longe dos vícios.
- sou violento.
- cuido da saúde.
- fico exposto ao perigo.
- respeito o outro para ser respeitado.

Quais as atitudes de "morte" que encontramos em nossa sociedade?

Com a natureza	Com as pessoas

Qual a última notícia de violência, de morte, que chamou sua atenção? Por quê?

Como é o seu relacionamento com as pessoas de seu convívio?

AJUDA-NOS, SENHOR, A SERMOS SINCEROS E AMIGOS.

4ª REFLEXÃO

AMAR AO OUTRO

VII - NÃO FURTAR

"Não roubarás" (Dt 5,19)

O Sétimo Mandamento prescreve a prática da justiça e da caridade da administração dos bens terrenos e dos frutos do trabalho dos homens. Os bens da criação são destinados a todo o gênero humano.

Deus quer que respeitemos o que é do outro.

Não devemos pegar o que não é nosso, pois ninguém pode ser feliz partilhando de roubos, mentiras e com o egoísmo. Essas atitudes são geradoras de brigas, guerras, violência e medo, fazendo com que as pessoas se isolem para se proteger.

Sabemos que em nossa sociedade essas atitudes são consequências de uma população que sofre com a discriminação econômica, mas nem por isso justifica a violência. Devemos valorizar e procurar a nossa felicidade dentro das possibilidades que temos de adquirir as coisas, de forma honesta.

Honestidade - Verdade

Deus nos ensinou a conviver fraternalmente, sem prejudicar o outro. Para viver bem, é preciso que as pessoas se respeitem, se ajudem e confiem umas nas outras.

A honestidade é uma virtude que todos devem cultivar. Ela nos engrandece e nos torna verdadeiros e justos. A honestidade está em nossos pensamentos, atitudes e palavras; está nas pequenas e grandes atitudes.

A paz é própria de pessoas honestas.

Não está sendo honesto:

- quem não devolve o que é do outro;
- quem não cumpre seus deveres;
- quem sonega impostos;
- quem é corrupto;
- quem danifica o que não é seu;
- quem não é honesto consigo mesmo e com os outros.

VIII - NÃO LEVANTAR FALSO TESTEMUNHO

(Ex. 20,16)

Todas as atitudes falsas se tornam perigosas, porque prejudicam e destroem pessoas inocentes.

A mentira faz com que as pessoas não acreditem mais em você. Devemos falar quando sabemos da verdade. Não é correto omitir, e sim colaborar com a verdade.

Jesus nos diz: "Amai-vos uns aos outros como eu vos amei".

Não se deixe levar pelas aparências, elas muitas vezes nos enganam.

Vamos cumprir esse mandamento:

- dizendo sempre a verdade;
- evitando comentários falsos;
- não acusando as pessoas injustamente.

SENHOR, AJUDA-NOS A SERMOS HONESTOS, JUSTOS E VERDADEIROS.

IX - NÃO DESEJAR A MULHER DO PRÓXIMO

(Ex. 20,17)

Deus abençoa a união de casais, mas eles precisam se respeitar e fazer crescer esse amor, confiando e sendo fiéis.

Só é livre quem é fiel ao seu projeto de vida. Deus quer nossa liberdade com responsabilidade.

Atitudes que ajudam o amor a crescer:
- respeito;
- falar sempre a verdade;
- colaboração;
- confiança;
- atenção e carinho;
- oração.

Os casais prometem fidelidade, ser autênticos e não enganar um ao outro.

Muitas pessoas desobedecem esse mandamento, levando o casal à separação.

X - NÃO COBIÇAR AS COISAS ALHEIAS

(Ex. 20,17)

"Onde está teu tesouro, aí estará teu coração". (Mt 6,2)

Deus quer nos ensinar que podemos ser felizes com aquilo que temos e que somos, não devemos ter ciúmes ou inveja dos amigos. A felicidade vem do amor, da amizade e da solidariedade.

Lute pelo seu crescimento como pessoa, valorize o que é seu.

O homem deve ser valorizado não por aquilo que tem, mas por aquilo que é.

Por isso, devemos:
- comemorar a vitória de um amigo;
- evitar o ciúme;
- valorizar o que é seu.

Deus ensinou o seu povo a construir uma sociedade justa, fraterna e feliz.

Como você acha que nossa sociedade está vivendo esses ensinamentos?

Existem pessoas que não vivem os mandamentos de Deus. Por isso sequestram, roubam e até tiram a vida de outros.

Na sua opinião, o que está faltando para essas pessoas? O que as leva a viverem com tanta violência?

Vamos trocar ideias com a turma. É possível viver de forma honesta?

Em nossa sociedade existem as leis de Deus e as leis dos homens. Com quais delas os homens se preocupam mais? Por quê?

O que os mandamentos de Deus significam para você?

Vamos fazer uma oração, agradecendo a Deus pelos seus mandamentos.

OS MANDAMENTOS

Padre Zezinho

Os mandamentos que ao todo são dez
São o caminho da libertação
São o caminho da libertação

O povo hebreu os herdou de Moisés
E hoje são normas do povo cristão
E hoje são normas do povo cristão

Amarás o Senhor teu Deus
Com todas as forças do teu querer
Com todas as forças do teu sentir
Se desejas viver

Amarás o Senhor teu Deus
E nunca dirás seu nome em vão
E não jurarás por qualquer razão
E não brincarás com o nome de Deus
Se pretendes ser bom

Amarás o Senhor teu Deus
E reservarás um dia especial
No qual tu farás a grande oração
Ao lado de outros que são teus irmãos
Falarás com teu Pai
Amarás o Senhor teu Deus
Com toda a ternura do teu coração
Com toda a fineza de educação
Conserva o respeito que tens por teus pais
Se pretendes ser bom

*Amarás o Senhor teu Deus
E não matarás,
Nem devastarás,
Guardando respeito por qualquer ser
Que a vida é um dom para se proteger
Se não queres morrer
Amarás o Senhor teu Deus
Buscando a certeza da Salvação
Respeita o direito dos teus irmãos
Guardando pureza no teu coração
Sem cair na paixão*

*Amarás o Senhor teu Deus
E não tocarás no que não é teu
E não pisarás nos pobres de Deus
E não furtarás e nem esbanjarás
E ladrão não serás*

*Amarás o Senhor teu Deus
Não cobiçarás quem se comprometeu
Com qualquer dos irmãos, ou mesmo com Deus
E não tentarás possuir alguém
que direito não tens
Amarás o Senhor teu Deus
Não cobiçarás os bens de um irmão
Não invejarás, no teu coração
Aquilo que o outro ganhou com suor
Tu também tens valor*

CD - Verdades que eu rezo e canto - Teodiceia 2. F. 5 - Paulinas, COMEP - São Paulo, 2010.

OBRIGADO, SENHOR, PELOS GRANDES ENSINAMENTOS QUE NOS DESTES. QUEREMOS VIVÊ-LOS COM INTENSIDADE E COM MUITO AMOR. AMÉM.

DEUS MOSTRA O CAMINHO

1ª REFLEXÃO

A CONQUISTA DA TERRA

O povo de Deus peregrinou pelo deserto durante 40 anos. Passaram por muitos sofrimentos, incertezas, falta de fé.

Você sabe que na Bíblia os números não têm o mesmo significado que conhecemos nos dias de hoje.

O número quarenta significa uma limitação na vida, um período de prova, uma situação inquietante e angustiante.

Portanto, dizer que o povo de Deus ficou peregrinando no deserto durante 40 anos até chegar à Terra Prometida, significa que eles tiveram que passar por muitas lutas, muitas provas de fé.

Logo que saíram do Egito já começaram os problemas. Primeiro, a falta de água; depois, a falta de comida; mais tarde, as lutas contra os inimigos.

Quando tudo estava indo bem, eles louvavam a Deus e agradeciam a Moisés por tê-los tirado do Egito. Entretanto, quando as dificuldades chegavam, eles revoltavam-se contra Moisés e esqueciam todos os benefícios que haviam recebido até ali.

© Wikimedia Commons/Ophelia2

Leia em Êxodo, capítulo 16, versículos de 1 a 14 e veja o que Deus fez pelo seu povo.

Escreva aqui as lamentações do povo contra Moisés.

(Êxodo 16, 3)
_____
_____
_____
_____
_____
_____
_____

Veja qual foi a resposta de Deus e copie no espaço abaixo.

(Êxodo 16, 4)
_____
_____
_____
_____
_____

Veja outra ocasião em que o povo se revoltou contra Moisés e copie.

(Êxodo 17, 3)
_____
_____
_____
_____
_____
_____
_____
_____

Resposta dada por Deus:

(Êxodo 17, 6)
_____
_____
_____
_____
_____
_____

Por meio dos textos anteriores, você pôde perceber o quanto o povo era fraco na sua fé. Faltava-lhes a perseverança e a certeza de que Deus caminhava à sua frente, como havia prometido.

O povo não ganhou a terra de "mão beijada", ou seja, sem dificuldades. Com isso, Deus mostrou ao seu povo, e hoje mostra também a nós, que precisamos fazer a nossa parte para conquistar o que queremos. É preciso persistência, esforço e perseverança para alcançar os objetivos desejados.

Você costuma insistir quando quer conquistar alguma coisa ou desanima na primeira dificuldade?

Conte alguma coisa que você conseguiu e pela qual teve que lutar muito.

Assim como precisamos insistir, perseverar para conseguir as coisas, da mesma forma precisamos ser perseverantes na oração, na busca do bem comum, na luta pela paz, na fé, na conquista dos valores que nos aproximam de Deus.

Voltando ao texto da Bíblia, analise as atitudes de Moisés e do povo diante das dificuldades encontradas. (Êxodo, capítulos 16 e 17)

MOISÉS:

POVO:

Com qual das atitudes anteriores você se identifica mais? Justifique sua resposta.

Conforme já vimos, o povo de Deus caminhou pelo deserto durante 40 anos, em busca de uma terra que Deus havia prometido e que foi conquistada com muito sacrifício.

O povo do tempo de Moisés é a figura do povo de hoje que peregrina pelo deserto da vida, lutando para vencer a fome, o cansaço, o desemprego, o desânimo, com características semelhantes nas questões da fé, mas sempre com esperança em dias melhores.

A grande diferença é que os 16,2 milhões de "miseráveis" que passam fome nas ruas do nosso país não representam um número simbólico, mas exprime exatamente a quantidade que significa, ou seja, uma grande parte da população brasileira peregrina, hoje, no deserto da fome e do descaso.

BRASIL TEM 16,2 MILHÕES EM SITUAÇÃO DE POBREZA EXTREMA, APONTA IBGE

NÚMERO EQUIVALE A APROXIMADAMENTE 8,5% DA POPULAÇÃO BRASILEIRA E CONSIDERA AS PESSOAS COM RENDA DE ATÉ R$ 70

Cerca de 16,2 milhões de brasileiros são extremamente pobres, o equivalente a 8,5% da população. A estimativa é do Instituto Brasileiro de Geografia e Estatística (IBGE) a partir da linha de extrema pobreza definida pelo governo federal. A linha estipula como extremamente pobre as famílias cuja renda *per capita* seja de até R$ 70. Esse parâmetro será usado para a elaboração das políticas sociais, como o Plano Brasil sem Miséria, que deve ser lançado em breve pelo Ministério do Desenvolvimento Social e Combate à Fome (MDS).

Onde estão os miseráveis

Quem são
Brasileiros com renda de até **R$ 70** mensais por pessoa da família
- Salário mínimo R$ 545
- R$ 70

Quantos são
16.267.197 = 8,5%
dos 190.755.799 de brasileiros

Onde estão

Urbano - 8.674.845
5,4% da população urbana brasileira

Rural - 7.593.352
25,5% da população rural brasileira

Região	Quantidade	%
Nordeste	9.609.803	18,1%
Sudeste	2.725.532	3,4%
Norte	2.658.452	6,7%
Sul	715.961	2,6%
Centro-Oeste	557.449	4%

De acordo com a ministra do MDS, Tereza Campello, o valor definido é semelhante ao estipulado pelas Nações Unidas. Para levantar o número de brasileiros em extrema pobreza, o IBGE levou em consideração, além do rendimento, outras condições como existência de banheiros nas casas, acesso à rede de esgoto e água e também energia elétrica. O IBGE também avaliou se os integrantes da família são analfabetos ou idosos. Dos 16,2 milhões em extrema pobreza, 4,8 milhões não têm nenhuma renda e 11,4 milhões têm rendimento *per capita* de R$ 1 a R$ 70.

Fonte: – JORNAL ESTADÃO http://www.estadao.com.br/noticias/nacional - 3 de maio de 2011.

Selecione notícias de jornal, revista ou internet, que falem sobre a pobreza no Brasil e no mundo. Ilustre com fotos ou desenhos e partilhe seu trabalho com seus colegas.

Sugestão de leitura

**MILTOPEIA
A centopeia solidária**

Betinho e Chico Alencar
Ed. Moderna

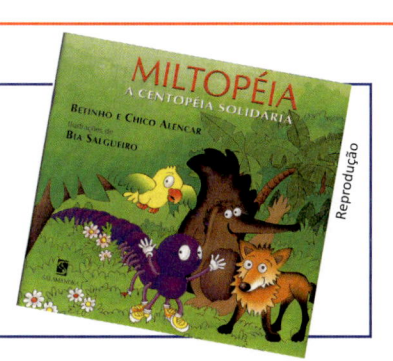

2ª REFLEXÃO

VOZES QUE ANUNCIAM E DENUNCIAM

Na história do povo de Deus, assim como em toda a história da humanidade, os profetas, ou seja, aquelas pessoas que enxergam muito além de seus próprios interesses, sempre fizeram parte desta trajetória.

No Antigo Testamento, quando o povo se afastava de Deus por qualquer motivo, aparecia do meio dele alguém iluminado para novamente mostrar o caminho. Essa pessoa era chamada de PROFETA.

Os profetas eram escolhidos por Deus para levar a esperança, encorajar as pessoas e tornar mais viva a fé nas promessas feitas por Deus ao seu povo.

Eles anunciavam a vinda do Salvador prometido por Deus e denunciavam as coisas erradas que aconteciam no meio deles.

Os maiores profetas do Antigo Testamento foram: Isaías, Jeremias, Ezequiel e Daniel.

Eles vieram do meio do povo, em diferentes épocas, e deixaram muitos escritos que estão na Bíblia.

Todos eles eram muito corajosos e não tinham medo de enfrentar as autoridades de seu tempo e defender o povo das injustiças.

ANGELICO, Fra. **Profetas**. 1447. Afresco. Chapel of San Brizio, Orvieto (Itália).

Encontre no diagrama o nome de 10 profetas. Se for preciso, procure ajuda no índice da Bíblia.

A	B	C	D	E	F	G	H	I	J	K	L	M	N	O	P	R	S	T
U	X	V	Y	T	Z	G	H	S	J	K	L	M	U	X	V	Y	T	Z
A	B	C	D	E	F	G	L	A	N	O	T	Z	G	H	G	J	V	Y
D	E	F	J	E	R	E	M	I	A	S	U	M	V	A	M	O	S	M
M	U	X	V	Y	T	Z	N	A	T	E	Z	A	R	S	T	N	L	G
U	H	Y	T	O	I	E	N	S	A	I	F	L	E	K	L	A	S	P
M	Y	U	P	O	F	Q	N	B	Z	A	C	A	R	I	A	S	I	U
A	B	C	D	E	F	U	L	M	N	S	T	Q	G	H	G	X	V	Y
D	E	F	G	H	I	I	K	L	M	H	U	U	V	I	E	K	L	M
M	U	X	V	Y	T	E	N	O	T	T	Z	I	R	S	U	K	L	G
U	D	A	N	I	E	L	N	G	Y	C	F	A	E	K	L	I	S	P
M	Y	U	P	O	F	G	N	B	V	C	P	S	D	S	R	J	I	U

_____

_____

_____

Procure a indicação bíblica e escreva as palavras dos profetas.

(Isaías 12,4)

(Jeremias 31,31)

Vamos conhecer um pouco sobre a história de um dos profetas do Antigo Testamento: Daniel.

Daniel amava muito a Deus e nunca aceitou adorar outros deuses.

Por isso foi capturado e levado à presença do rei de seu tempo, que se chamava Dario.

O rei gostava de Daniel e isto fez crescer a inveja dos ministros do rei.

Os ministros, sabendo que Daniel só adorava ao Deus único e verdadeiro, criaram uma nova lei.

"Todo aquele que não adorar ao rei Dario, deverá ser jogado aos leões para lhes servir de alimento".

Como Daniel se recusou a adorar o rei, ele foi jogado na cova dos leões.

O rei não queria fazer isto, mas como havia assinado a lei, não pôde evitar e disse: "Teu Deus vai te salvar".

Ao ser atirado na cova dos leões, Daniel se ajoelhou e pediu a Deus que o salvasse.

No dia seguinte, o rei foi até a gruta onde haviam jogado Daniel e o encontrou vivo, sentado ao lado dos leões.

Então, o rei Dario deu uma ordem ao povo:

"Por mim é ordenado que em toda a extensão do meu reino mantenha-se temor e tremor diante do Deus de Daniel.

É o Deus vivo que subsiste eternamente."

"Seu reino é indestrutível e seu domínio é perpétuo. Ele salva e livra, faz milagres e prodígios no céu e sobre a terra: foi Ele que livrou Daniel das garras dos leões."

Veja agora o que fazem os profetas dos nossos tempos.

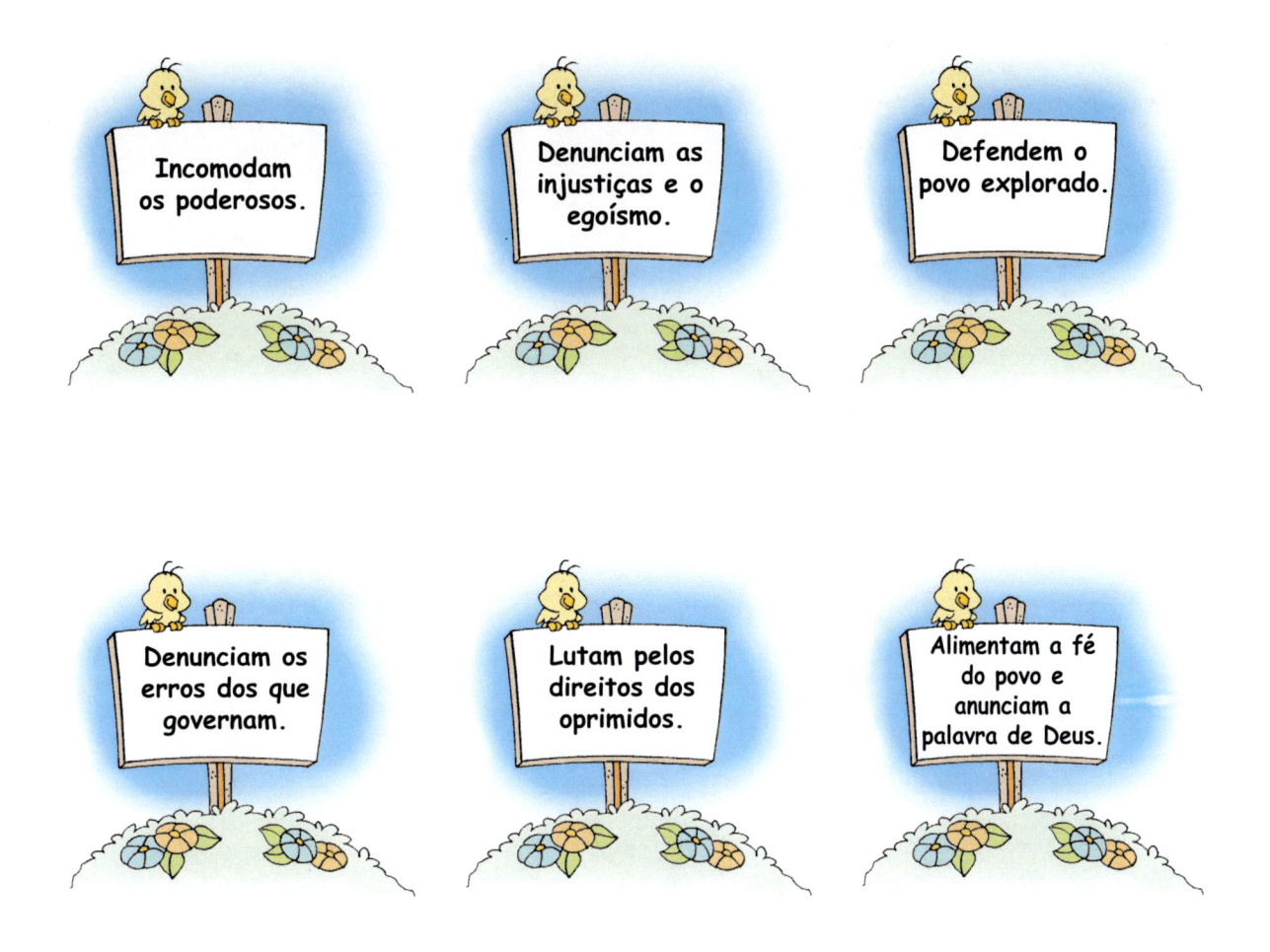

Incomodam os poderosos.	Denunciam as injustiças e o egoísmo.	Defendem o povo explorado.
Denunciam os erros dos que governam.	Lutam pelos direitos dos oprimidos.	Alimentam a fé do povo e anunciam a palavra de Deus.

"O cidadão é o indivíduo que tem consciência de seus direitos e deveres e participa ativamente de todas as questões na sociedade.

Tudo o que acontece no mundo, seja no meu país, na minha cidade, no meu bairro, acontece comigo. Então, eu preciso participar das decisões que interferem na minha vida. Um cidadão, com sentimento ético forte e consciência da cidadania, não deixa passar nada, não abre mão desse poder de participação."

Herbert de Souza – Betinho

De acordo com o texto anterior, o que Betinho quis dizer?

O que você vê de errado e que precisa ser denunciado:

na sua família	na sua escola	na sua cidade

Você também, pelo Batismo, se tornou um profeta de Deus. O que você acha que deve anunciar?

Pesquise outros profetas do nosso tempo que anunciaram Deus e denunciaram o mal. Partilhe com seus colegas o que você descobrir.

Sugestões: Dom Hélder Câmara, D.Oscar Romero, Betinho, Ir. Dorothy e Zilda Arns.

Represente por meio de gravuras.

Situações vividas pelo povo que lhe deixam feliz, pois representam o mundo que Deus **quer**.

Situações vividas pelo povo que lhe deixam preocupado, pois representam o mundo que Deus **não quer**.

3ª REFLEXÃO

O POVO E O PODER

Após a morte de Moisés, o grande líder na travessia do deserto, o povo foi liderado por Josué.

Depois de Josué, foram governados por chefes chamados juízes: Sansão, Gedeão, Jefté, Samuel e outros.

O povo sempre mostrava-se descontente com seus governantes e pediu para ser governado por um rei.

Nesta época, o povo era governado pelos filhos do juiz Samuel, que não seguiram os passos do pai e deixaram o povo descontente.

Samuel, dá-nos um rei que nos governe. Queremos ser como todas as outras nações; o nosso rei nos julgará, marchará à nossa frente e será nosso chefe de guerra.

Samuel era um homem bom e sempre rezava pedindo a Deus para que Ele o orientasse sobre o que fazer diante dos pedidos do povo. Veja no primeiro livro de Samuel 8, 7 a resposta de Deus e copie.

O primeiro rei escolhido foi Saul. Seu reinado foi um fracasso. Fez muitas coisas que desagradaram a Deus e ao povo.

O segundo rei foi Davi. Ele era valente, piedoso, inteligente e muito amado por Deus e por seu povo. Escreveu lindas orações e hinos religiosos, chamados Salmos.

O terceiro rei a governar em Israel foi Salomão, que era filho do rei Davi. Ele construiu o grande Templo de Jerusalém, onde os israelitas se reuniam para rezar. Salomão foi considerado o rei mais sábio a governar Israel.

Outros reis governaram os israelitas depois de Salomão, mas todos eram fracos, covardes e não temiam a Deus.

Vamos conhecer um pouco sobre a história do rei Davi.

Você conhece a história de Davi e Golias?

Leia os versos a seguir.

Davi era um jovem pastor que gostava de cantar e de tocar harpa.

O rei Saul gostava de ouvi-lo tocar, pois isto o acalmava quando estava nervoso e preocupado.

Um dia teve uma guerra e os irmãos de Davi, que eram soldados, foram chamados.

Todos temiam um herói filisteu que era muito grande e por isso chamado de gigante Golias.

Ele xingava e desafiava todos os soldados, chamando um que pudesse lutar com ele.

Os soldados de Israel estavam com medo, inclusive os irmãos de Davi.

O desafio durou muito tempo, aterrorizando o povo de Deus.

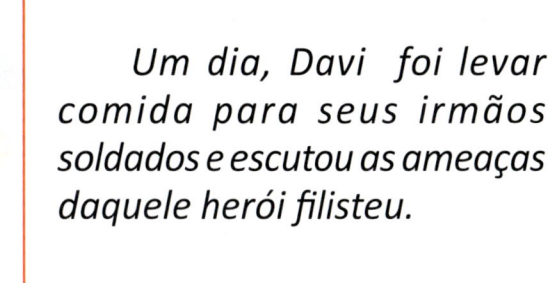

Um dia, Davi foi levar comida para seus irmãos soldados e escutou as ameaças daquele herói filisteu.

Davi não ficou com medo e disse para os soldados que gostaria de lutar com o gigante Golias.

Foi pedir autorização para o rei Saul. O rei achou muita ousadia por parte de um jovem que nem soldado era.

Davi disse: "Minha força vem do Senhor". Davi rezou, confiando que Deus iria lhe dar a vitória.

O rei quis dar a sua armadura para Davi, mas era muito pesada e ele não a quis.

Davi pegou cinco pedras e seu estilingue e foi confiante em Deus e em sua experiência como pastor.

Quando Golias viu Davi, riu muito e perguntou se ele estava indo caçar algum animal.

Golias disse: "Você acha que está indo lutar com um cachorro? Vou acabar com você num instante."

Davi respondeu: "Você vem a mim armado com espada; eu vou até você com a força de alguém que é bem maior do que você: a força do Senhor."

Com muita raiva, Golias correu para atacar Davi.

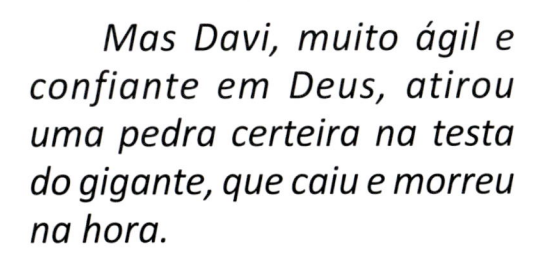

Mas Davi, muito ágil e confiante em Deus, atirou uma pedra certeira na testa do gigante, que caiu e morreu na hora.

Os soldados dos filisteus saíram correndo com medo de Davi e do poder de seu Deus.

Os israelitas começaram a cantar de alegria e acreditaram na força de Deus e de Davi.

Com esta vitória, o rei Saul convidou o jovem Davi para morar no palácio, sendo bem-sucedido em todas as suas missões.

Síntese da História de Davi e Golias – I Samuel, capítulo 17.

Lendo a história de Davi e Golias, o que você pôde concluir?

Decifre a mensagem.

A	B	C	Ç	D	E	F	G	H	I	J	L	M	N	O

P	Q	R	S	T	U	V	X	Z

Complete a cruzadinha com as características do rei Davi.

MEDROSO — AMADO POR DEUS — FIEL — CORAJOSO — ORANTE — COVARDE — MALDOSO — VALENTE — INTELIGENTE — JUSTO

R
E
I
*
D
A
V
I

Leia uma linda oração de Davi que se encontra no 2º livro de Samuel (2º Sam. 22, 1-51). Copie o versículo 3.

Após a morte do rei Davi, Salomão, seu filho, o substituiu.

Deus prometeu a Salomão dar-lhe tudo o que ele pedisse.

Veja o que foi que ele pediu a Deus, lendo em I Reis 3, 4-15. Copie o versículo 9.

De acordo com o que você leu sobre a prece de Salomão, responda:

O que foi que Salomão pediu a Deus?

Por que o pedido de Salomão agradou tanto a Deus?

Copie um trecho da oração de Salomão. (I Reis 8, 23)

Com o passar dos anos, Salomão também desagradou a Deus, entregando-se à idolatria, deixando, assim, de servir o povo.

A história dos reis do Antigo Testamento se repete nos dias de hoje com os governantes.

Começam muito bem, falam bonito, mas com o passar do tempo se tornam egoístas e não pensam no bem do povo.

Qual deve ser a função das pessoas que governam?

A idolatria, a ganância pelo dinheiro e pelo poder tiraram muitas vezes o povo e seus governantes do caminho de Deus.

O que você acha que os governantes de hoje precisam pedir a Deus para poder governar melhor?

Sugestão de leitura

POLI - EXERCÍCIO DE CIDADANIA
Luiz Teodoro Garcia /
Flores Pilarski
Ed. Base

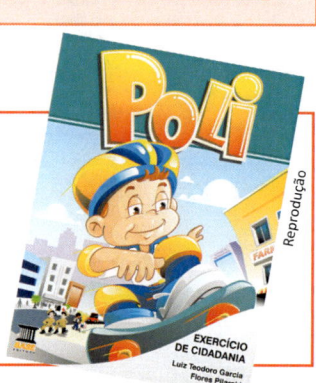

4ª REFLEXÃO
JESUS – A ALIANÇA DEFINITIVA DE DEUS COM SEU POVO

A história do povo de Deus foi uma história longa. Com os reis Davi e Salomão eles tiveram um tempo de progresso, mas depois vieram outros reis que não temiam a Deus e que não souberam governar. Por causa disso o reino de Israel ficou dividido e novamente o povo foi escravizado por outras nações.

O único herdeiro das promessas de Deus foi o reino de Judá, que, ajudado pelos profetas, manteve sua fé.

Toda a história contada no Antigo Testamento faz parte da "História da Salvação", ou seja, a história de amor entre Deus e sua criatura, o homem.

Deus preparou um povo do qual deveria nascer o SALVADOR. Muitos esperavam um homem guerreiro que fundasse um reino terreno, onde dominasse o poder e a força.

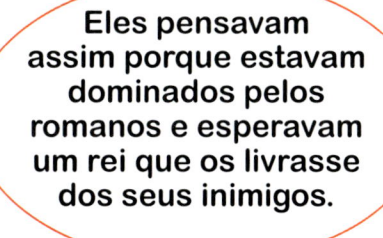

Eles pensavam assim porque estavam dominados pelos romanos e esperavam um rei que os livrasse dos seus inimigos.

Mas o que Deus fez foi enviar seu filho Jesus, que pregava um reino de paz, de amor, de justiça e não de lutas e guerras como eles esperavam. Por isso, quando Jesus chegou para inaugurar outro tipo de Reino, não foi bem recebido.

Jesus é o acontecimento mais importante na História da Salvação. Nele, as promessas feitas por Deus ao seu povo iriam se concretizar. Deus daria a sua maior prova de amor ao homem. Sacrificaria seu próprio filho, Jesus, em nome do povo.

Por isso, quando João Batista o viu, exclamou: **"Eis o cordeiro de Deus, aquele que tira os pecados do mundo"**.

Jesus foi o novo profeta, o novo Moisés, o Libertador!

São características do Reino que Jesus veio pregar:

- Quebra das estruturas que escravizam as pessoas.
- Acolhimento da fé viva e simples do povo.
- Seus preferidos foram os pobres, os simples, os marginalizados, os pequeninos...
- Acolhia a todos aqueles que a sociedade rejeitava.

Mas quem é esse Jesus que a Bíblia nos fala?

- Ele é Luz.
- Ele é o Bom Pastor.
- Ele é o Caminho.
- Ele é a Verdade.
- Ele é a Vida.
- Ele é o Princípio e o Fim.
- Ele é o Filho de Deus.
- Ele é a Esperança.
- Ele é UM de Nós.

Descubra no diagrama 7 palavras que caracterizam a pessoa de Jesus.

A	B	C	D	E	F	G	H	M	J	K	L	M	N	O	P	R	S	T
U	L	U	Z	T	Z	V	H	K	E	S	P	E	R	A	N	Ç	A	Z
A	B	C	D	E	F	I	L	D	N	O	T	Z	G	H	G	J	V	Y
D	E	F	L	M	N	D	P	R	U	M	V	A	M	O	P	I	X	W
M	U	X	V	Y	T	A	N	A	T	Z	Z	A	R	S	A	H	L	G
U	H	Y	E	O	I	F	N	S	A	L	F	L	E	K	S	A	S	P
M	Y	U	R	O	F	C	A	M	I	N	H	O	K	L	T	O	I	U
A	B	C	D	E	F	G	L	M	N	A	T	R	G	H	O	X	V	Y
D	E	F	A	H	I	I	K	L	M	H	U	U	V	I	R	K	L	M
M	U	X	D	Y	T	E	N	O	T	T	Z	R	R	S	B	K	L	G
U	E	F	E	H	I	F	I	L	H	O	*	D	E	*	D	E	U	S
M	Y	U	P	O	F	G	N	B	V	C	P	S	D	S	R	J	I	U

103

Jesus foi o grande escolhido de Deus para selar a aliança definitiva com seu povo. Ele nasceu de uma mulher chamada Maria, cresceu como um homem comum, foi batizado por João Batista, se revelou ao povo como o rei dos judeus.

O povo o rejeitou e o condenou a morrer numa cruz, como era de costume fazer com os condenados do seu tempo.

> Derramando seu sangue na cruz, Jesus cumpriu a vontade de seu Pai, em dar a vida de seu próprio Filho para salvar os homens de todos os pecados, desde a desobediência de "Adão e Eva", até os nossos dias e os tempos que virão.

Leia e copie como Jesus estava pronto para fazer a vontade de Deus.

(Lucas 22, 42)

Jesus nunca guardou mágoa das pessoas que o condenaram à morte. Até mesmo quando estava morrendo na cruz, teve forças para perdoar àqueles que o crucificaram.

Copie as palavras de perdão de Jesus.

(Lucas 23, 34)

Veja agora quais foram as últimas palavras de Jesus na cruz.

Leia e copie. (Lucas 23, 46)

Jesus era Deus e não podia ficar morto para sempre. Por isso, três dias depois de sua morte, seus amigos foram visitá-lo no sepulcro e não encontraram mais seu corpo.

Ele havia RESSUSCITADO para ficar vivo para sempre no meio do seu povo.

A prova da sua ressurreição está nas palavras do mensageiro de Deus.

Leia e copie. (Marcos 16,6)

A ressurreição de Jesus deu ao mundo a esperança de Vida Nova, o desejo de recomeçar sempre, a vontade de espalhar mais Vida por onde passa o homem.

Em um painel, na sua sala de aula, represente com cartazes, situações de vida, usando figuras e palavras. Explique seu trabalho para os colegas.

JESUS E O NOVO TESTAMENTO

OS EVANGELHOS REVELAM JESUS

1ª REFLEXÃO

A palavra "Evangelho" é de origem grega e significa A Boa-Nova. São escritos que contam a Boa-Nova de Jesus, filho de Deus.

Os evangelistas eram: Mateus, Marcos, Lucas e João e cada um escreveu, a seu modo, sobre a vida de Jesus na Terra e seus ensinamentos.

Vamos conhecer um pouquinho sobre cada um deles.

MATEUS – Seu nome verdadeiro era Levi. Antes de ser chamado por Jesus para ser seu discípulo, ele era cobrador de impostos. Redigiu seu Evangelho em aramaico, mais ou menos no ano 60 depois de Cristo.

MARCOS – É um discípulo de Pedro e companheiro de Paulo em sua primeira viagem missionária. Os detalhes de seu Evangelho mostram que testemunhou as atividades e a vida de Jesus. Seus escritos são do ano 64 d.C.

LUCAS – Seu Evangelho é anterior ao ano 68 d.C. Não foi testemunha ocular dos fatos descritos no seu livro.

Usou escritos de outros apóstolos para documentar os acontecimentos da vida de Jesus.

JOÃO – Foi apóstolo de Jesus, a quem confiou os cuidados de sua mãe no momento da sua morte.

Era "o discípulo que Jesus amava".

Ele escreve para os cristãos e mostra o Filho de Deus sofredor e glorificado. João conta não somente fatos, gestos e discursos de Jesus, mas também sua experiência pessoal junto ao Mestre.

O Evangelho de Mateus é o maior de todos. Ele escreve para os judeus e é o evangelista que mais cita o Antigo Testamento.

Ele mostra, através das parábolas do Reino e das bem-aventuranças, que o Reino de Deus é para todos aqueles que quiserem entrar nele. Mas para que isto aconteça, ele apresenta algumas exigências. Quem seguir seus ensinamentos, Jesus o chamará de "BEM-AVENTURADO".

> "Felizes os pobres em espírito, porque deles é o Reino do Céu.
> Felizes os aflitos, porque serão consolados.
> Felizes os mansos, porque possuirão a terra.
> Felizes os que têm fome e sede de justiça, porque serão saciados.
> Felizes os que são misericordiosos, porque encontrarão misericórdia.
> Felizes os puros de coração, porque verão a Deus.
> Felizes os que promovem a paz, porque serão chamados filhos de Deus.
> Felizes os que são perseguidos por causa da justiça, porque deles é o Reino do Céu."
>
> (Mateus 5, 3-10)

Complete a cruzadinha, escrevendo quais são os bem-aventurados descritos pelo Evangelho de Mateus, no discurso de Jesus.

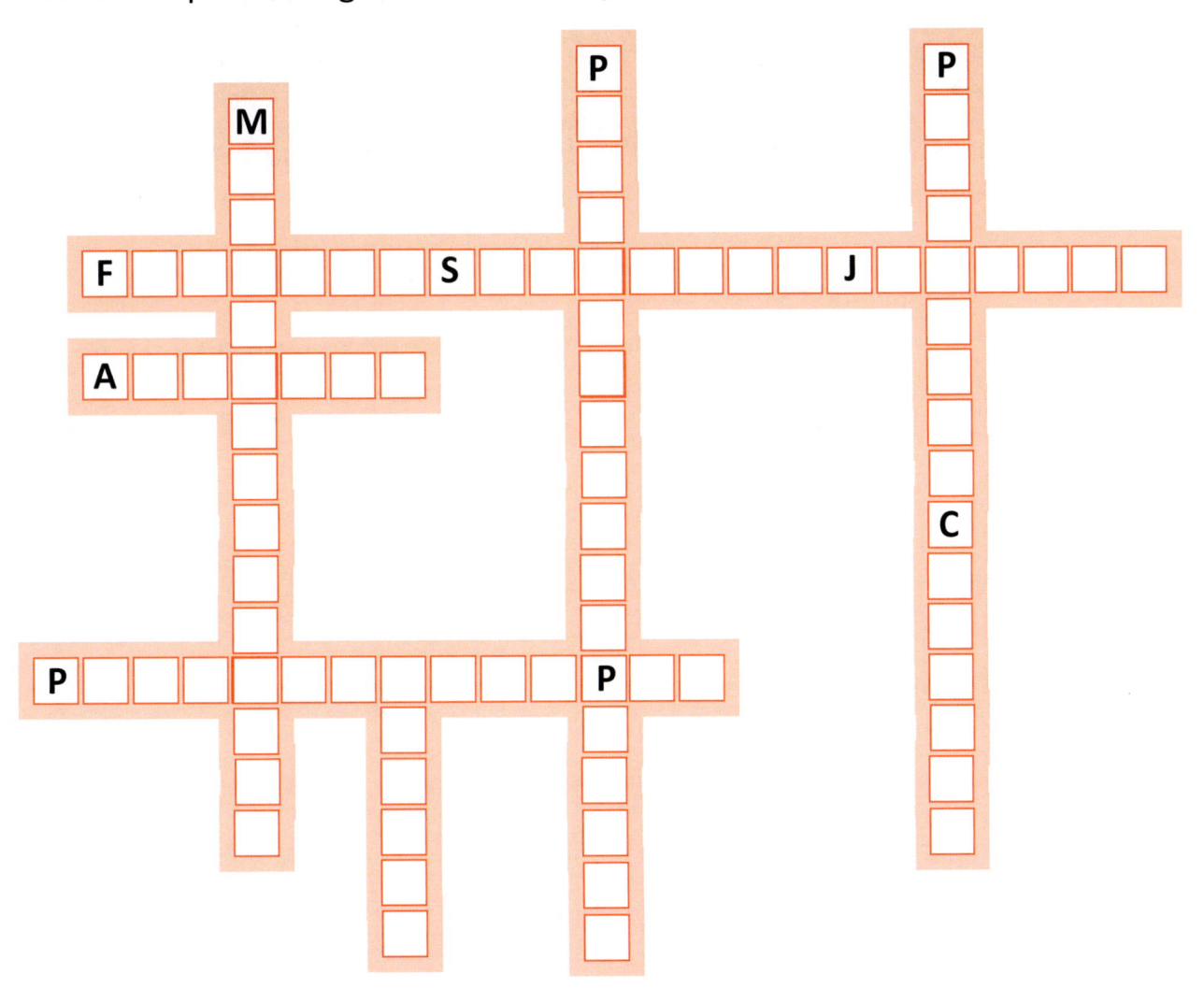

Descubra no diagrama nove figuras usadas por Jesus para descrever o Reino de Deus, descritas no Evangelho de Mateus, capítulo 13.

A	B	C	D	E	F	G	H	M	J	K	L	M	N	O	P	R	S	T
U	L	F	H	T	Z	V	H	K	S	E	M	E	N	T	E	B	D	Z
A	B	E	D	E	F	T	L	D	E	O	T	Z	G	H	G	J	V	Y
D	G	R	Ã	O	*	D	E	*	M	O	S	T	A	R	D	A	O	I
M	U	M	Q	Y	T	O	N	A	E	Z	Z	A	R	S	T	H	L	G
U	R	E	D	E	I	F	N	S	A	L	F	L	E	T	R	I	G	O
M	Y	N	O	O	F	P	A	D	D	V	T	G	P	E	O	M	F	P
A	B	T	X	E	F	G	L	J	O	I	O	R	E	S	Q	X	V	Y
D	E	O	H	H	I	I	K	L	R	H	U	U	R	O	E	K	L	M
M	U	X	S	Y	T	E	N	O	T	T	Z	R	O	U	B	K	L	G
U	E	F	Z	H	I	F	X	T	H	U	T	Q	L	R	O	I	R	S
M	Y	U	P	O	F	G	N	B	V	C	P	S	A	O	R	J	I	U

109

O Evangelho de Marcos é o mais breve dos quatro evangelhos. Seus escritos serviram de inspiração para outros evangelistas.

Marcos apresenta Jesus aos pagãos que haviam se convertido ao cristianismo.

Ele começa seu Evangelho dizendo: "Começo da Boa-Nova de Jesus, o Messias, Filho de Deus." (Marcos 1,1)

Com seus ensinamentos, Marcos quer provar a divindade de Jesus nos milagres por ele relatados.

Ele não se preocupou em relatar o nascimento e a infância de Jesus, mas sim quis logo mostrar a missão do Salvador no meio do povo. Sua maior preocupação foi provar que "Jesus é o Filho de Deus". Com isso, fortalecia a fé dos cristãos que, muitas vezes, desanimavam diante das dificuldades.

Leia as indicações do Evangelho de Marcos e escreva a que milagre se refere cada citação.

(Marcos 1, 40-45)	(Marcos 2, 1-12)

(Marcos 4, 35-41)	(Marcos 5, 1-20)

(Marcos 5, 21-43)	(Marcos 6, 30-44)

(Marcos 6, 45-52)	(Marcos 7, 31-37)

A professora dividirá a turma em grupos. Cada grupo irá ler com atenção uma das indicações anteriores e depois encená-la para apresentar à turma.

Faça um desenho que represente o que você leu e encenou, escrevendo o que você acha que Jesus quis lhe ensinar com esse milagre.

Leia, a seguir, como Lucas inicia seu Evangelho:

> "Muitas pessoas já tentaram escrever a história dos acontecimentos que se passaram entre nós. Elas começaram do que foi transmitido por aqueles que, desde o princípio, foram testemunhas oculares e ministros da palavra. Assim sendo, após fazer um estudo cuidadoso de tudo o que aconteceu desde o princípio, também eu decidi escrever."
>
> (Lucas 1, 1-3)

Lucas começa assim seu Evangelho, porque não foi testemunha ocular dos acontecimentos da vida de Jesus. Era um pagão convertido, de origem grega.

Diz a tradição que ele era médico.

São características do Evangelho de Lucas:
- O anúncio da alegria vem de Jesus.
- Jesus tem compaixão pelos pecadores e pelos que sofrem.
- A salvação é oferecida a todos; ninguém é excluído.
- As ações de Jesus revelam o Espírito Santo.
- Ternura, alegria e amor marcam seu Evangelho.

Veja a presença da alegria no Evangelho de Lucas.

Leia a citação indicada e descubra de quem é a alegria e qual o motivo.

(Lucas 1, 46-47) _____

(Lucas 1, 67-68) _____

(Lucas 2, 14) _____

(Lucas 2, 20) _____

(Lucas 2, 34) _____

Lucas conta que Jesus, ao iniciar sua vida pública, foi ao templo e se apresentou ao povo, lendo o livro do profeta Isaías que falava sobre Ele.

> "O Espírito do Senhor está sobre mim. Ele me ungiu e me enviou para anunciar a boa-nova aos pobres, para sarar os contritos de coração, para anunciar aos cativos a redenção, ao cego a restauração da vista, para publicar o ano da graça do Senhor."
> (Lucas 4, 18 – 19)

De que forma Jesus cumpriu o que foi escrito por Isaías?

Vamos conhecer um pouco mais sobre o Evangelho de João e a forma como ele nos apresenta Jesus.

JESUS É A ÁGUA VIVA. (Jo 4, 5-42)

Jesus parte de uma necessidade da pessoa, que é a sede, para revelar que ele é a fonte da Água Viva, capaz de saciar a sede de todos.

JESUS FAZ BRILHAR A LUZ AO CEGO. (Jo 9, 1-41)

A verdadeira cegueira que Jesus quer curar é a cegueira do coração, para que todos possam enxergar o caminho de Deus.

QUEM CONHECE E ACEITA JESUS, CONHECE E ACEITA DEUS. (Jo 14, 1-14.)

Jesus é a imagem do Pai. Reflete toda a bondade do Deus Pai, sua misericórdia, seu amor.

DEUS ESTÁ SEMPRE PRESENTE ONDE EXISTE AMOR. (Jo 15, 1-9)

A videira é a imagem das pessoas que, por amor, se reúnem ao redor de Jesus.

Leia em Jo 15, 1-9 e pense em Jesus conversando com você.

A videira e os ramos

¹ "Eu sou a videira verdadeira, e meu Pai é o agricultor. Todo ramo que não der fruto em mim, Ele o cortará; ² e podará todo o que der fruto, para que produza mais fruto. ³ Vós já estais puros pela palavra que vos tenho anunciado. ⁴ Permanecei em mim e eu permanecerei em vós. O ramo não pode dar fruto por si mesmo, se não permanecer na videira. Assim também vós: não podeis tampouco dar fruto, se não permanecerdes em mim. ⁵ Eu sou a videira, vós os ramos. Quem permanecer em mim e eu nele, esse dá muito fruto; porque sem mim nada podeis fazer. ⁶ Se alguém não permanecer em mim, será lançado fora, como o ramo. Ele secará e hão de ajuntá-lo e lançá-lo ao fogo e queimar-se-á. ⁷ Se permanecerdes em mim, e as minhas palavras permanecerem em vós, pedireis tudo o que quiserdes, e vos será feito. ⁸ Nisto é glorificado meu Pai, para que deis muito fruto e vos torneis meus discípulos."

De acordo com a palavra de Jesus, responda:

Qual a condição para dar bons frutos?

Como ficamos unidos a Jesus?

Pense agora na sua turma.

O que mais dificulta a convivência no seu grupo?

Com suas palavras, explique o que você entendeu da afirmação: **"Permanecei em mim e eu permanecerei em vós"**.

Faça um desenho que ilustre o texto "A videira e os ramos".

Sugestão de leitura

Coleção: ABRINDO AS ESCRITURAS

Terezinha M. L. da Cruz
Ed. Paulus

2ª REFLEXÃO

IGREJA - A COMUNIDADE CRISTÃ

Durante sua pregação, Jesus chamava aqueles que o escutavam mais de perto e os convidava para segui-lo.

Alguns aceitavam, outros não.

Vejam estes exemplos:

Jesus andava à beira do Mar da Galileia, quando viu dois irmãos: Simão, também chamado Pedro, e seu irmão, André. Estavam jogando a rede no mar, pois eram pescadores. Jesus disse para eles: "Sigam-me, e eu farei de vocês pescadores de homens". Eles deixaram imediatamente as redes e seguiram Jesus.

(Mateus 4, 18-20)

Jesus viu um homem chamado Mateus, sentado na coletoria de impostos, e lhe disse: "Siga-me". Ele se levantou, e seguiu Jesus.

(Mateus 4, 9-9)

Seguir Jesus não significa abandonar o trabalho e suas tarefas do dia a dia, mas sim, abandonar os vícios, os maus costumes, uma forma de vida sem os verdadeiros valores e viver conforme Jesus propõe: com honestidade, com justiça, vendo no outro seu próprio irmão e vendo na comunidade humana sua própria família.

"Quando Jesus saiu de novo a caminhar, um homem foi correndo, ajoelhou-se diante dele e perguntou: "Bom Mestre, que devo fazer para herdar a vida eterna?" Jesus respondeu: "Por que você me chama de bom? Só Deus é bom, e ninguém mais. Você conhece os mandamentos: não mate; não cometa adultério, não roube; não levante falso testemunho; não engane; honre seu pai e sua mãe". O homem afirmou: "Mestre, desde jovem tenho observado essas coisas". Jesus olhou para ele com amor, e disse: "Falta só uma coisa para você fazer: vá, venda tudo, dê o dinheiro aos pobres, e você terá um tesouro no céu. Depois, venha e siga-me" Quando ouviu isso, o homem ficou abatido e foi embora cheio de tristeza, porque era muito rico."

(Marcos 10, 17-22)

Faça um comentário a respeito do texto acima e dos anteriores, referindo-se às diferentes formas de cada um responder ao chamado de Jesus.

Seguir Jesus exige:

- generosidade;
- entrega;
- viver como Jesus;
- amar como Jesus;
- sentir como Jesus.

> Após a morte e a ressurreição de Jesus, os apóstolos continuaram a missão de anunciar a palavra do Mestre, transmitindo e vivendo seus ensinamentos.
>
> Muitos os seguiram formando pequenas comunidades, que se reuniam às escondidas para rezar, com medo das autoridades da época.
>
> Chamavam-se "comunidades cristãs", pois seguiam os passos de Jesus Cristo.
>
> O livro dos Atos dos Apóstolos, escrito pelo evangelista Lucas, conta como os cristãos se reuniam para rezar e para ajudarem-se mutuamente na conservação da fé e na partilha dos seus bens.

Leia em Atos 2, 44-47 e escreva como era a vida dos primeiros cristãos.

As comunidades cristãs foram crescendo e foram chamadas de igrejas, sempre tendo à frente um cristão cheio de coragem que não temia as perseguições e impulsionava seus irmãos no seguimento de Jesus.

Reunidos como "Igreja", eles eram mais fortes, ajudavam-se e animavam-se mutuamente, pois o grupo unido sempre tem mais força.

Escreva o que uma comunidade unida pode fazer quando seus membros estão juntos.

A Igreja, que é a família dos cristãos, inclui todos aqueles que acreditam em Jesus Cristo, desde o seu nascimento até os dias de hoje.

Muitos foram perseguidos e mortos, como Jesus, por aqueles que não acreditavam Nele. Preferiam morrer do que renegar sua fé. Quase todos os apóstolos de Jesus morreram mártires, ou seja, uma forma de morte violenta, executada pelos governantes de seu tempo. Mas o sangue derramado não assustava os cristãos, ao contrário, fortalecia cada vez mais sua fé, fazendo aumentar o número daqueles que seguiam o cristianismo.

Pinte as placas que correspondem ao que é ser cristão nos dias de hoje.

- Amar a Deus.
- Amar a todos como irmãos.
- Ajudar os que precisam.
- Pensar só em si.
- Compartilhar.
- Lutar contra as injustiças.

Recorte e cole no espaço abaixo reportagens que falem de cristãos que dedicaram toda sua vida em benefício da humanidade.

3ª REFLEXÃO

UNIDOS PELA MESMA FÉ

Os cristãos foram uma só Igreja durante 1000 anos. Em 1517, um monge chamado Martinho Lutero fez um grande protesto contra muitas coisas que aconteciam na Igreja e que ele achava que estavam erradas. Descontente, ele fundou a sua própria Igreja, a Igreja Luterana.

A partir daí começaram a nascer várias Igrejas, denominadas Protestantes, por causa dos protestos de Lutero. Estas Igrejas são também chamadas de Evangélicas. Este acontecimento se chamou Reforma.

Entre as Igrejas Evangélicas encontramos: batistas, presbiterianas, metodistas, adventistas, luteranas, etc.

Jesus, ao dar início ao Cristianismo, queria que todos fossem unidos na mesma fé. Veja o que Ele diz em Jo 17, 20-21.

> "... que todos sejam um, como tu, Pai, estás em mim e eu em ti. E para que eles também estejam em nós, a fim de que o mundo creia que tu me enviaste."

Pensando nisto, alguns protestantes começaram um movimento chamado ECUMENISMO. Eles entenderam que é muito difícil anunciar o amor, a união, a fraternidade, se entre os cristãos existe desamor, desunião e divisão.

A Igreja Católica também aderiu ao movimento e estimula seus seguidores a se aproximarem dos irmãos de fé.

O que é ECUMENISMO?

ECUMENISMO é um movimento entre várias Igrejas Cristãs buscando superar as divergências através do diálogo e da cooperação. O ECUMENISMO quer mostrar que, o que une as Igrejas Cristãs é maior do que aquilo que as separa, respeitando o que é característico de cada uma, ou seja, a sua forma de manifestar a fé em Jesus Cristo.

O que é DIÁLOGO INTER-RELIGIOSO?

DIÁLOGO INTER-RELIGIOSO é a denominação dada pelas Igrejas com outras denominações religiosas não cristãs.

CONSELHO NACIONAL DE IGREJAS CRISTÃS - CONIC

O Conselho Nacional de Igrejas Cristãs (CONIC), com sede em Brasília-DF, foi fundado em 1982 e representa um dos mais importantes espaços ecumênicos no Brasil. Sua atuação se dá no sentido de aproximar Igrejas Cristãs, promovendo debates e encaminhamentos práticos que levem à integração e à comunhão das Igrejas que o integram. Para realizar esta tarefa, o CONIC tem promovido seminários e encontros em que são gerados documentos para reflexão nas Igrejas, e também são apresentadas sugestões e feitos encaminhamentos com o objetivo de criar laços de verdadeira fraternidade e comunhão entre as Igrejas.

Home page do CONIC em Brasília: http://www.conic.org.br

Veja quais são as Igrejas membros do CONIC:

1. Igreja Católica Apostólica Romana - ICAR www.cnbb.org.br
2. Igreja Episcopal Anglicana do Brasil - IEAB www.ieab.org.br
3. Igreja Evangélica de Confissão Luterana no Brasil - IECLB - www.luteranos.com.br
4. Igreja Sirian Ortodoxa de Antioquia - ISOA www.igrejasirianortodoxa.com.br
5. Igreja Presbiteriana Unida - IPU www.ipu.org.br

(Fonte da notícia: CONIC - 2011)

Pesquise e responda.

A qual Igreja sua família pertence?

_____

Como é o nome do padre ou pastor que preside a sua Igreja?

_____

Sua Igreja faz parte do CONIC?

_____

Faça uma entrevista com o padre ou com o pastor da sua Igreja e pergunte o que ele acha do Ecumenismo.

_____

_____

Pergunte aos seus pais o que eles acham que existe de mais importante na sua religião.

_____

_____

Partilhe suas respostas com seus colegas e veja quanta coisa une os cristãos de todas as Igrejas, fazendo sua conclusão final.

_____

_____

_____

Reúna-se com seus colegas e, com o professor, façam uma oração coletiva, pedindo a Deus pela união dos cristãos.

Leia e copie o que o apóstolo Paulo escreveu no seu livro sobre a unidade dos cristãos. (I Cor. 1,10.)

Sugestão de leitura

ECUMENISMO

Terezinha M. L. da Cruz
Ed. Paulus

4ª REFLEXÃO

CONSTRUINDO SOBRE A ROCHA

Jesus fez a seguinte comparação para explicar como agem os que colocam em prática suas palavras.

"Aquele, pois, que ouve minhas palavras e as põe em prática, é semelhante a um homem prudente, que edificou sua casa na rocha. Caiu a chuva, vieram as enchentes, sopraram os ventos, ela, porém, não caiu, porque estava edificada sobre a rocha. Mas aquele que ouve as minhas palavras e não as põem em prática, é semelhante a um homem insensato, que construiu sua casa na areia. Caiu a chuva, vieram as enchentes, sopraram os ventos contra aquela casa e ela caiu."

(Mateus 7,24-27)

No mundo onde vivemos, muitas pessoas constroem a sua vida preocupando-se somente com o dinheiro, o luxo, o prestígio, a fama... achando que assim estão garantindo sua segurança e felicidade. Quando tudo isso começa a faltar, parece que a vida vai se tornando mais triste.

Você deve conhecer pessoas que não pensam assim. Pessoas que procuram construir sua vida colocando em primeiro lugar Jesus, a amizade, a justiça, a ajuda, a solidariedade... depois as coisas materiais. São pessoas que realmente sabem o que têm valor.

Em toda a vida de Jesus, sabemos que Ele colocou em primeiro lugar o ser humano, filho de Deus, que necessita de carinho, atenção, amor, tratando as pessoas sem olhar as aparências.

Jesus nos mostra como é importante saber construir a vida tendo como prioridade os valores que permanecem.

Vivemos em uma sociedade de consumo, onde tudo leva ao "ter" e ao "poder". Por isso, precisamos estar conscientes a respeito dos valores nos quais acreditamos, para sermos pessoas realizadas.

Observe as figuras abaixo e escreva um diálogo que mostre os valores permanentes.

Não adianta apenas ouvir; o mais importante é praticar e construir a vida com Jesus, que é a rocha da salvação.

Vamos formar a frase.

3	1	4	7	6
o	Eu	caminho	e	verdade

5	2	9	8
a	sou	vida	a

O que você pode fazer para que a sua vida seja construída sobre a rocha (os valores)?

Converse com seus pais, procurando descobrir sobre que tipo de valores está sendo construída a sua família.

Vamos ajudar o menino a percorrer o caminho dos verdadeiros valores.

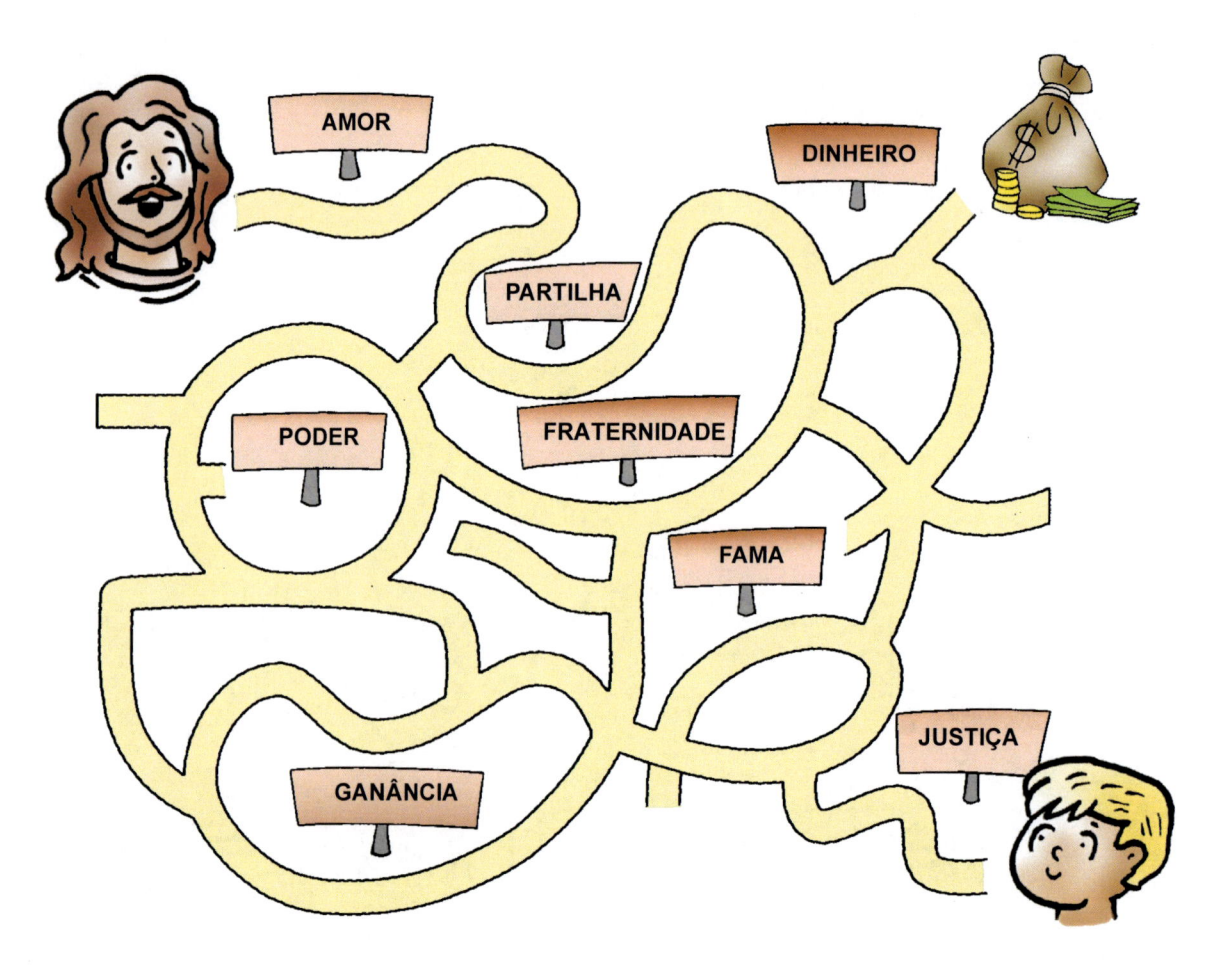

AMOR · DINHEIRO · PARTILHA · PODER · FRATERNIDADE · FAMA · GANÂNCIA · JUSTIÇA

"Buscai em primeiro lugar o Reino de Deus e sua Justiça, e todas as outras coisas serão dadas por acréscimo."

(Mateus 6, 33)

Quais são os valores que Jesus nos ensinou para que nossa vida seja como a casa construída sobre a rocha? Escreva nos balões.

Faça uma oração, pedindo à Jesus fidelidade aos seus valores.

> Construir a casa sobre a rocha quer dizer: fundar a própria vida e as esperanças naquilo que não passa. É construir sua VIDA em Deus. Ele é a rocha.

MEMÓRIAS QUE ME FAZEM CRESCER

1ª MEMÓRIA

TEMPO DE FRATERNIDADE

DOAÇÃO

A **Campanha da Fraternidade** é realizada anualmente pela Igreja Católica, sempre no período da Quaresma, com a participação de outras Igrejas Cristãs, que fazem parte do CONIC.

Seu objetivo é despertar a solidariedade das pessoas e da sociedade em relação a um problema concreto que envolve a sociedade brasileira, buscando caminhos e soluções. A cada ano é escolhido um tema, que define a realidade concreta, as necessidades sociais a serem transformadas, e um lema, que explica em que direção se busca a transformação, a mudança. A Campanha da Fraternidade é coordenada pela Conferência Nacional dos Bispos do Brasil (CNBB), com a finalidade de:

• Educar para a vida em fraternidade, com base na justiça e no amor.

• Renovar a consciência e a responsabilidade de todos pela ação da Igreja Católica na evangelização na promoção humana, na vivência dos conselhos evangélicos, tendo em vista uma sociedade justa e fraterna.

A Campanha da Fraternidade é o momento de práticas, de gestos concretos, de repartir o pão com quem tem fome, vestir os que precisam, libertar os oprimidos, promover a todos.

(Fonte: CNBB)

Jesus quer que sejamos anunciadores do seu Reino, do seu Evangelho. Ele diz: "Eu sou o caminho, a verdade e a vida". (Jo 14, 6)

À medida que a pessoa acolhe Jesus na sua vida e nas relações com os outros, ela vai se libertando. Diminui o egoísmo, vai crescendo a solidariedade e o amor; diminui a inveja, vai crescendo a valorização do outro; diminui a mentira e a corrupção, vão crescendo a verdade, a autenticidade e o bem comum.

Todas as Campanhas da Fraternidade nos ensinam a crescer no amor.

Crescemos no amor quando:
- repartimos com os outros o que temos;
- fazemos bem o nosso trabalho;
- visitamos os doentes, os abandonados, os tristes;
- preocupamo-nos com os que precisam de ajuda.

O que a Campanha da Fraternidade quer despertar na sociedade este ano?

Discuta com a sua turma: O que podemos melhorar na escola para vivenciarmos o tema desta Campanha da Fraternidade?

E na sua vida pessoal, o que precisa melhorar?

Quais os valores que devemos cultivar para ajudar as pessoas a viver melhor na família, na escola e na comunidade?

- DIÁLOGO
- ACOLHIDA
- RESPEITO
- FRATERNIDADE
- AMOR
- AJUDA MÚTUA
- PARTILHA

A força que move as pessoas é a esperança.

Através de uma atitude cristã, que se expressa na acolhida sincera ao outro, Deus nos convida a derrubar as barreiras do racismo, da intolerância, da opressão e construir a unidade entre os povos.

"Tudo o que fizeres ao menor dos meus irmãos é a mim que o fareis." (Mt. 25,40)

Repartir!

Deus criou o mundo para que todos pudessem viver felizes nele.

Acontece que algumas pessoas têm muito, enquanto outras ficam sem nada.

Deus não quer isso no seu Reino.

No Reino de Deus, as pessoas sabem repartir com os irmãos tudo aquilo que têm.

O que podemos repartir na família?

O que podemos repartir na escola?

A sociedade sabe repartir? Por quê?

Você é capaz de acolher as pessoas sem fazer distinção de raça, cor, posição social...? De que forma?

_____
_____
_____
_____
_____
_____

Fraternidade, sim! Violência, não!

SENHOR, AJUDA-ME A SER CADA VEZ MAIS FRATERNO COM MEUS IRMÃOS. QUERO SER SOLIDÁRIO COM TODOS E VIVER O AMOR. AMÉM.

TEMPO DE ORAÇÃO

Quaresma é a preparação para a Páscoa. São quarenta dias em que revivemos o sofrimento de Jesus antes de sua ressurreição.

O período da Quaresma quer nos relembrar os quarenta dias que Jesus passou no deserto, logo após seu batismo e antes de começar o período de sua perseguição.

Durante esses dias, Jesus apenas rezava para estar forte e vencer as tentações, se preparando para sua morte e ressurreição.

Neste período, os cristãos também procuram se preparar para uma vida nova, sendo mais fraternos e solidários.

Domingo de Ramos

No Domingo de Ramos, que é um domingo antes da Páscoa, iniciamos a Semana Santa.

Nesse dia, recordamos a entrada de Jesus em Jerusalém, onde o povo o recebeu com festa. As pessoas que tinham ouvido falar de seus milagres, estenderam mantos para Ele passar e agitaram ramos de oliveira e palmeira para homenageá-lo.

Até hoje a Igreja Católica cultiva essa homenagem com a procissão e bênção dos ramos.

Na Quinta-feira da Semana Santa

Jesus convidou seus doze apóstolos para uma ceia especial, em comemoração à Páscoa dos judeus.

Durante essa refeição, Jesus partiu o pão e o deu aos seus discípulos, dizendo que aquele pão era agora o seu corpo. Depois, pegou o cálice com vinho e deu a todos, dizendo que aquele vinho passava a ser o seu sangue.

Foi também durante esse jantar que Jesus lavou os pés de seus discípulos (lava-pés), para mostrar que todos nós devemos ser humildes e servir aos irmãos.

GIOTTO. **Cristo lavando os pés dos discípulos**. 1305. Afresco, 200 cm x 185 cm. Capela Scrovegni, Pádua (Itália).

Na Sexta-feira da Semana Santa

Jesus foi preso e levado diante das autoridades judaicas e romanas.

Acusado injustamente, Jesus foi julgado e condenado a morrer na cruz, que era um castigo dado aos criminosos daquela época.

Jesus foi condenado por ter declarado publicamente ser o filho de Deus, o Salvador, o Messias.

Antes de morrer, Jesus foi muito maltratado. Tornou-se motivo de zombarias e insultos; foi chicoteado e coroado com espinhos; carregou uma pesada cruz de madeira sobre os ombros até o Monte Calvário, onde foi crucificado entre dois ladrões.

No alto da cruz, foi colocado o letreiro – "INRI", que significa "Jesus de Nazaré, o Rei dos Judeus."

Sábado Santo

Jesus está morto. Seu corpo é retirado da cruz e colocado em uma sepultura, onde ficou durante três dias.

MESSINA, Antonello de. **Crucificação**. 1475. Óleo sobre painel, 59,7 cm x 42,5 cm. Koninklijk Museum voor Schone Kunsten, Antuérpia (Bélgica).

Domingo de Páscoa

É um dia de festa e de muita alegria, pois lembramos da ressurreição de Jesus. Ressuscitar quer dizer viver de novo!

O que o cristão é convidado a fazer no período da Quaresma?

O que Jesus quer nos ensinar com seu gesto de "lavar os pés" dos seus discípulos?

Vamos desenhar a última ceia de Jesus. Quantos apóstolos participaram dela? O que Jesus serviu nessa ceia? O que Jesus quer nos ensinar com seus gestos?

Em João 15,13, encontramos a seguinte frase: "Ninguém tem maior amor do aquele que dá a vida por seus amigos".

Que mensagem você tira dessa frase para sua vida?

Faça uma oração, agradecendo a Jesus por ter dado sua vida por nós.

Sugestão de leitura

A QUARESMA

Coleção Festas
Ed. Paulinas

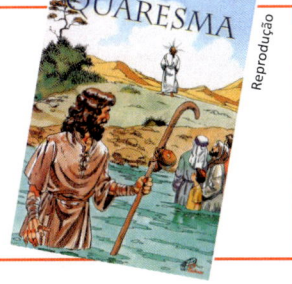

3ª MEMÓRIA

TEMPO DE VIDA NOVA

Eis que vos anuncio uma Boa-nova que será alegria para todos: Jesus ressuscitou e está no meio de nós!

Aproxima-se a grande Festa da Páscoa.

Anúncio de esperança para toda a humanidade: é o triunfo da vida sobre a morte.

A Páscoa lembra a cada um de nós que somos chamados a passar para uma vida melhor. A vida fica melhor quando somos menos egoístas e mais cheios de amor. Quando somos capazes de perdoar, de ajudar, de repartir o que temos, quando fazemos feliz nosso irmão.

Páscoa é a festa da Vida.

Jesus, assim como a semente, aceitou morrer para mostrar até o fim que nos ama muito.

É isto que celebramos na Páscoa, a festa da passagem da morte para a Vida.

VERONESE, Paolo. **A ressurreição de cristo**. Ca 1570. Óleo sobre tela. 136 cm x 104 cm. Gemäldegalerie Alte Meister, Berlin (Alemanha).

SE O GRÃO DE TRIGO FICA FORA DA TERRA, NÃO DÁ FRUTO, MAS SE MORRER, PRODUZ MUITOS FRUTOS. (Jo 12,24)

SÍMBOLOS PASCAIS

O PÃO E O VINHO
O pão e o vinho eram, na Antiguidade, a comida e bebida mais comuns. Jesus Cristo se serviu desses alimentos para simbolizar sua presença constante ao instituir a Eucaristia. Assim, o pão e o vinho simbolizam o corpo e o sangue de Jesus e a vida eterna.

O CÍRIO PASCAL
O círio pascal é aquela grande vela decorada que tem a cruz como desenho central. Simboliza a luz dos povos, em Cristo. As palavras "Alfa e ômega" nela gravadas querem dizer: "Deus é o princípio e o fim de tudo". No círio também estão gravados os quatro algarismos do ano em curso.

A ÁGUA
Na celebração do Sábado, véspera da Páscoa, acontece a bênção da água que será utilizada nos batismos durante o ano. A aspersão do povo com água benta simboliza a nossa disposição em nos limpar de tudo aquilo que fere e prejudica o outro. A água significa pureza, renovação, purificação.

O TÚMULO VAZIO
O túmulo vazio é uma das evidências para a ressurreição de Cristo. Ao ressuscitar dos mortos, Jesus venceu a morte. Então o anjo falou às mulheres: "Não tenhais medo! Sei que vocês procuram Jesus que foi crucificado. Ele não está aqui. Ressuscitou, como havia dito! Venham ver o lugar onde Ele estava." (Mt 28,5-6)

Escolha um símbolo pascal e faça uma ilustração usando materiais diversos.

Jesus é Vida, é Esperança, é Luz, é o Caminho para todos.

Que nesta Páscoa possamos viver o espírito da doação, do amor, justiça e fraternidade.

Depois da ressurreição, Jesus esteve ainda algumas vezes com seus discípulos, e pediu a eles que fossem por todos os lugares e ensinassem seu Evangelho.

Para celebrarmos a Páscoa com dignidade e com o coração, que gestos de solidariedade devemos ter?

Jesus quer nosso coração preparado para celebrar a Páscoa, a vida nova. Pinte as pedras nas quais há palavras que combinam com a Páscoa de Jesus.

Páscoa!

A luz da ressurreição revestiu de alegria todas as coisas.

É festa de luz, de esperança, vida renovada.

Crer na ressurreição é crer no Deus da Vida e, como Jesus, vencer todos os mecanismos que produzem a dor e a morte.

Nesta Páscoa queremos viver o espírito de doação, amor, justiça e fraternidade.

Que mensagem de Páscoa você gostaria de deixar para sua família?

_____
_____
_____
_____
_____
_____
_____
_____

Sugestão de leitura

A PÁSCOA
Coleção Festas
Ed. Paulinas

4ª MEMÓRIA

TEMPO DE SER LUZ

RESTOUT, Jean II. **Pentecostes**. 1732. Óleo sobre tela, 465 cm x 778 cm. Musée du Louvre, Paris (França).

Pentecostes quer dizer 50 dias após a Páscoa, após a ressurreição de Jesus.

Nesse dia, Jesus enviou aos seus discípulos o Espírito Santo, conforme Ele havia prometido, enquanto estava na Terra.

O Espírito Santo iria dar aos discípulos todos os dons necessários para ensinar e propagar os ensinamentos de Jesus.

Um dia, os discípulos e Maria, a mãe de Jesus, estavam reunidos.

De repente, todos ouviram um barulho, como se fosse um vento forte, em toda a casa.

Foi então que apareceram línguas de fogo que se repartiram, e depois ficaram sobre a cabeça de cada um dos presentes.

Todos os discípulos ficaram, então, cheios de Espírito Santo e começaram a falar em outras línguas.

Era o Espírito Santo, inspiração de Deus, enviado por Ele, e que dava aos discípulos esse poder.

*"O Espírito Santo descerá sobre
vocês e dele receberão força
para serem as minhas testemunhas.
Em Jerusalém, em toda Judia e Samaria, e até os confins da Terra."*

(Atos dos Apóstolos 1, 8)

Fortalecidos e cheios de sabedoria, os discípulos passaram a ensinar as grandezas de Deus, e cada um que os ouvia, entendia sua mensagem.

Muitos se converteram, pois eram pagãos e não acreditavam em Deus.

Eles foram batizados e receberam o dom do Espírito Santo.

Hoje o Espírito Santo continua agindo na vida daqueles que amam a Deus.

Temos em nossa sociedade histórias de vários líderes que foram e continuam a ser inspirados a realizar obras de amor.

Qual o principal acontecimento da festa de Pentecostes?

O que os discípulos fizeram depois de receber o Espírito Santo?

Nas suas decisões, você costuma pedir luz e inspiração a Deus? Por quê?

Em quais momentos procuramos a Deus? Por quê?

_____
_____
_____
_____
_____
_____

Vamos fazer uma oração a Deus, pedindo luz e força ao Espírito Santo.

_____
_____
_____
_____
_____
_____
_____

Sugestão de leitura

PENTECOSTES

Coleção Festas
Ed. Paulinas

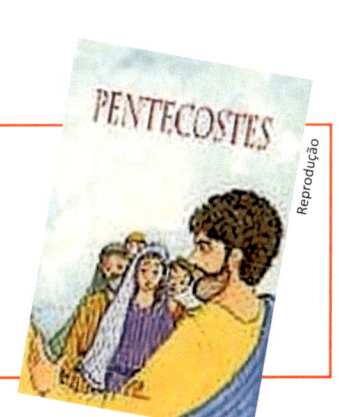

TEMPO DE ESPERAR

A palavra "advento" significa vinda, chegada, começo.

O Advento é um período do calendário da Igreja em que se espera a chegada do Menino Jesus. Corresponde às quatro semanas que antecedem o Natal, antes do nascimento de Cristo.

Ele marca o início do ano litúrgico da Igreja Católica. É o primeiro "mês" do "ano da Igreja". O primeiro mês do ano litúrgico não é janeiro, pois na Igreja Católica o início do seu calendário é o "tempo do Advento" Depois, vem tempo de Natal, tempo de Quaresma, tempo Pascal e tempo comum.

O povo judeu esperou vários séculos a vinda do Messias, o Salvador.

Povos antigos, que viviam na terra de Jesus, cuja história está na Bíblia, no Antigo Testamento, já esperavam a vinda do Messias, do Salvador, que libertaria o povo de Israel.

Para esperar Jesus é muito importante nos libertarmos:

- do egoísmo;
- da inveja;
- dos vícios;
- da mentira.

É preciso "fazer o bem sem olhar a quem".

Participe do Natal Solidário da sua escola ou da sua Igreja, doando com amor àqueles que vivem em condições menos favorecidas.

É bom poder ajudar. Jesus fez isso sempre e fazia tudo por amor a Deus e às pessoas.

Agora, você pode conversar com seus pais e com seus irmãos sobre a importância do Advento e o significado do Natal.

Quando o anjo anunciou a Maria que ela seria a mãe de Jesus, ela fez uma linda oração, que você também pode rezar com a sua família enquanto espera o NATAL.

"A MINHA ALMA ENGRANDECE AO SENHOR, E MEU ESPÍRITO SE ALEGRA EM DEUS MEU SALVADOR, PORQUE OLHOU PARA A HUMILDADE DE SUA SERVA.

TODAS AS GERAÇÕES, DE AGORA EM DIANTE, ME CHAMARÃO DE FELIZ, PORQUE O PODEROSO FEZ EM MIM COISAS GRANDIOSAS.

O SEU NOME É SANTO E SUA MISERICÓRDIA SE ESTENDE DE GERAÇÃO EM GERAÇÃO SOBRE AQUELES QUE O TEMEM.

ELE MOSTROU A FORÇA DE SEU BRAÇO; DISPERSOU OS QUE TÊM ORGULHO NO CORAÇÃO.

DERRUBOU OS PODEROSOS DE SEUS TRONOS E EXALTOU OS HUMILDES.

ENCHEU DE BENS OS FAMINTOS E MANDOU EMBORA OS RICOS DE MÃOS VAZIAS.

ACOLHEU SEU POVO COM MISERICÓRDIA CONFORME A PROMESSA QUE HAVIA FEITO A NOSSOS ANTEPASSADOS E A SUA DESCENDÊNCIA, PARA SEMPRE".

Lucas 1,47-55

O que você e sua família arrumam em casa para simbolizar a chegada do Menino Jesus? Desenhe e escreva.

Converse com sua turma e troquem ideias sobre o que é possível realizar como gesto concreto de ajuda ao outro neste Advento.

Sugestão de leitura

O ADVENTO

Coleção Festas
Ed. Paulinas

6ª MEMÓRIA

TEMPO DE AMAR

Estamos vivendo mais um período natalino.

Jesus Cristo vem para que tenhamos vida e a tenhamos em abundância. (Jo 10, 10)

As pessoas, junto de seus familiares e membros de sua comunidade, preparam-se para receber o Menino Deus. Jesus nascerá, sem dúvida alguma, no coração de cada pessoa, dando-lhe mais vida.

Mas o que é deixar o Cristo nascer em nossos corações?

É colocar-se em disponibilidade à ação do Espírito Santo. É tornar-se instrumento do Evangelho e deixar-se possuir pela ação da graça de Deus. É levar Cristo a todas as pessoas, transformando em realidade os ensinamentos contidos nas bem-aventuranças. É assumir a nossa condição de missionários e de comunicadores da Boa-nova.

Natal não é apenas uma data comemorativa, mas sim, um período de compromisso e de adesão às causas de Cristo.

Para comemorarmos o nascimento de Jesus Cristo, é necessário que tenhamos a visão do Cristo estampada na figura de cada irmão. Para comemorarmos o nascimento de Jesus Cristo é necessário assumir o Evangelho em nossas vidas, como fonte de conversão, oração, ação e santidade.

O Natal do Cristo é vivência efetiva de fé, assumida em nosso batismo.

Celebrar o Natal de Cristo é estarmos convencidos de nossa missão evangelizadora. "Ide por todo o mundo e pregai o Evangelho."

Celebrar o Natal de Cristo é assumir o compromisso de lutar pela construção de um mundo novo, mais humano, fraterno e solidário.

Natal é tempo de conversão, de reflexão e de comunhão com os irmãos.

Ao nascer, o Menino Jesus traz consigo, a cada ano, uma mensagem de paz e de amor. Que mensagem você tira este ano?

Como o Natal é celebrado em nossa sociedade? Com o que as pessoas se preocupam mais?

Se você fosse fazer uma reportagem sobre o Natal, que mensagem deixaria às pessoas?

ORAÇÃO

Menino Jesus!
Gostaria que você, que é meu irmão, meu amigo, trouxesse um presente muito especial para mim.
Quero saúde para meus pais, meus irmãos, meus parentes, amigos e para mim.
Dai alegria e felicidade para minha família, colegas e vizinhos.
E quero, acima de tudo, que você nunca se afaste de mim.
Amém.

Sugestão de leitura

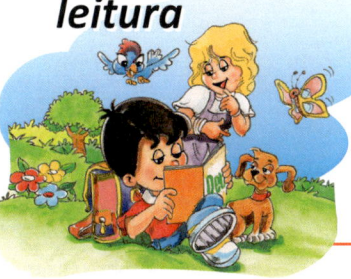

É NATAL
J. Pereira / Vera L. Vaccari
Ed. FTD

CELEBRAÇÃO

JESUS NASCEU EM NOSSA FAMÍLIA

(Esta é uma celebração em família, na casa, para a véspera ou o dia do Natal. Pais, filhos, parentes e amigos reunidos para a festa do Nascimento de Jesus, antes da ceia, poderão viver um momento de oração. Prepare o presépio, a Bíblia, velas e flores)

1. Motivação

Pai ou outra pessoa: Hoje nós queremos viver um Natal muito mais profundo e abençoado. Estamos felizes, pois Jesus nasceu, novamente, em nossos corações, em nossas vidas, aqui dentro do nosso lar.

Todos: Em nome do pai, do Filho e do Espírito Santo. Amém.

Mãe ou outra pessoa: Como é bom sermos família. Jesus quis ter uma. Como é bom nos unirmos com o coração cheio de alegria para acolher Jesus, no aconchego do nosso lar.

Filho(a): Nós somos muito amados por Deus, pois nos deu o seu Filho, e nós o conhecemos pela graça de sermos cristãos e partilharmos o amor. *(Se estiverem presentes amigos e familiares alguém da família os acolhe).*

Alguém da família: Que bom tê-los em nossa casa nesta noite (dia) tão especial. Vamos celebrar a vinda do Cristo. Renovemos a fé e alimentemos nossa alma com a paz e a ternura que o Natal nos traz, para seguirmos cada dia mais unidos por nossa amizade.

2. Oração e oferecimento

Leitor 1: Jesus, Maria e José queremos, com vossa ajuda, viver em nosso lar, em nossa comunidade, trabalho, escola, o amor e a partilha.

Leitor 2: Família de Nazaré, queremos estar repletos de vossa bênção e vossa luz para sermos sinal do vosso amor.

Leitor 3: Jesus menino, vinde morar em nosso lar. Não nos abandoneis em nada. *(Podem ser apresentadas algumas intenções)*

Todos: Pai Nosso, Ave maria, Glória ao Pai.

3. Leitura bíblica

Leitor 1: Os magos encontram o menino Jesus.
Ler Mt 2,9-12

Pai: Jesus está entre nós, nos ama, e quer seguir conosco em todos os dias de nossa vida.

Mãe: Vamos apresentar a Jesus Menino as nossas oferendas como os Magos fizeram.

Leitor 1: Nós vos entregamos o nosso coração.

Todos: Recebei, Senhor, a nossa oferta.

Leitor 2: Nós vos entregamos nossas vidas.

Todos: Recebei, Senhor, a nossa oferta.

Leitor 1: Nós vos entregamos o nosso trabalho.

Todos: Recebei, Senhor, a nossa oferta.

Leitor 2: Nós vos entregamos nossas vidas.

Todos: Recebei, Senhor, a nossa oferta.

(Cada um oferece sua oferta espontaneamente).

Pai: Vamos dar graças pela chegada de Jesus:

Todos: "Porque Deus amou o mundo de tal maneira que deu o seu único filho, para que todo aquele que crer não morra, mas tenha a vi"

Mãe: Damos graças ao Pai que agiu com misericórdia e nos deu o seu Filho.

Alguém: Damos graças ao Espírito Santo, luz que ilumina nossos corações.

4. Oração e bênção final

Pai e Mãe: Nós vos pedimos Jesus, entre nós nascido, abençoais os nossos filhos.

Filhos: Nós vos pedimos, Jesus Menino, abençoai os nossos pais.

Todos: Nós vos pedimos, Salvador do Mundo, abençoais nosso lar, nossos amigos e familiares.

Animador: Deus seja louvado! Tenhamos um santo e abençoado Natal, por Jesus Cristo, na unidade do Espírito Santo. Amém
(Canto Noite Feliz).

Pe. Carlos Alberto Chiquim

NOITE FELIZ

Noite Feliz!
Noite Feliz!
Ó Senhor,
Deus de amor.
Pobrezinho,
nasceu em Belém.
Eis na lapa
Jesus nosso bem.
Dorme em paz,
ó Jesus!
Dorme em paz,
ó Jesus!

REFERÊNCIAS

ABC da Bíblia. **A Linguagem Bíblica**. Centro Bíblico de Belo Horizonte. 43 ed. Paulus: Belo Horizonte, 2010.

ARTE DE VIVER. **A Alegria de ser uma pessoa com dignidade**. v.1. Betuel Cano. Paulinas: São Paulo, 2008.

BATCHELOR, Mary; HAYSOM, John. **Bíblia em 365 histórias**. 2.ed. Paulinas: São Paulo, 2011.

BÍBLIA SAGRADA. Tradução da CNBB.

CARMO, Solange Maria do; SILVA. Pe. Orione. **Somos Povo de Deus**. Paulus: São Paulo, 2008.

CNBB. Projeto Nacional de Evangelização. **Iniciação à leitura bíblica**. 1. ed. Brasília, 2009.

CRUZ, Terezinha Motta Lima da. **Ecumenismo**: conteúdo ou catequese? 3.ed. Paulus: São Paulo, 2006.

EQUIPE NACIONAL DA DIMENSÃO BÍBLICO CATEQUÉTICA. **Como nossa Igreja lê a Bíblia**. Catequético. 7. ed. Paulinas: São Paulo, 2010.

FARIA, Dom Paulo Lopes de. **Catecismo da Bíblia**. 27.ed. Paulus: São Paulo, 2008.

GRUEN, Wolfgang. **Pequeno Vocabulário da Bíblia**. 15. ed. Paulus: São Paulo, 2008.

MESTERS, Carlos. **Os Dez Mandamentos, ferramenta da comunidade**. 13. ed. Paulus: São Paulo, 2008.

MACCARI, Natália. **Os símbolos da Páscoa**. 9. ed. Paulinas: São Paulo, 2010.

_____. **Vivendo e convivendo**. 15. ed. Paulinas: São Paulo, 2009.

NASSER, Maria Celina Cabrera. **O uso de símbolos**. Paulinas: São Paulo, 2006

O FENÔMENO RELIGIOSO. **Cadernos Catequéticos Diocesano nº 7**. Diocese de Osasco. 4. Ed. Paulus: São Paulo, 2011.

OLIVEIRA, Ivani; MEIRELES, Mário. **Dinâmica para vivência e partilha**. 3.ed. Paulinas: São Paulo, 2010.

PASSOS, João Décio. **Ensino Religioso**: Construção de uma Proposta. 1. ed. Paulinas: São Paulo, 2010.

SITES

http://www.amop.org.br
http://ensinoreligioso.seed.pr.gov.br
http://bloguinhodoceu.blogspot.com
http://www.cantodapaz.com.br
http://www.cancaonova.com.br
http://www.portalcatolico.org.br
http://www.conic.org.br